Ella Carina Werner

Der Untergang des Abendkleides

Ella Carina Werner

wuchs in Ostwestfalen als Tochter einer Bauchtänzerin und eines Psychologen auf. Seit 2016 ist sie Redakteurin des Satiremagazins Titanic in Frankfurt am Main und betreibt die Lesebühne »Liebe für alle« in Hamburg, wo sie mit ihrer Familie lebt. Außerdem schreibt sie regelmäßig humorvolle Texte für das Missy Magazine, die Satireseite der taz, die Frankfurter Rundschau und andere Medien.

Mit ihren komischen Geschichten und politischen Satiren tritt sie im deutschsprachigen Raum auf. 2011 war sie Mitbegründerin und ist seither Mitorganisatorin des »Diary Slam«, des ersten deutschen Tagebuch-Wettlesens, in Hamburg.

2012 erschien ihr autobiografischer Roman »Die mit dem Bauch tanzt. Eine ostwestfälische Familiengeschichte« bei Ullstein sowie 2017 »Rastavati«, gemeinsam mit Jutta Weber, bei Rowohlt.

Ella Carina Werner

Der Untergang des Abendkleides

SATYR VERLAG

1. Auflage September 2020

www.satyr-verlag.de

Cover: Katharina Greve, Berlin
Korrektorat: Jan Freunscht
Druck und Bindung: CPI Books, Clausen & Bosse, Leck
Printed in Germany

Die Deutsche Nationalbibliothek verzeichnet diese Publikation in der Deutschen Nationalbibliografie; detaillierte bibliografische Daten sind im Internet abrufbar über: http://dnb.d-nb.de

ISBN: 978-3-947106-48-6

Inhalt

Fanny Müller gewidmet

Vierzig

Gut, dass ich bald vierzig bin. Mit vierzig kann man Dinge tun, die man sich mit zwanzig nicht traut. Zum Beispiel Tassen mit passenden Untertassen kaufen. Ich liebe Tassen mit passenden Untertassen, aber sag das mal mit zwanzig den Leuten in deiner verranzten WG-Küche.

Mit vierzig kann man sich um die Rente sorgen. Den ganzen Tag um die Rente sorgen, herrlich. Mit zwanzig kann man das nicht, da wäre man sogar aus der Jungen Union rausgeflogen.

Mit vierzig kann man unbehelligt seine Träume träumen, von einer Karriere als Primaballerina oder Klaviervirtuosin, und niemand ruft: »Ja geil, mach doch! Die Welt steht dir offen.«

Mit vierzig steht dir die Welt überhaupt nicht mehr offen, das ist das Gute. Das nimmt den Druck raus, entspannt.

Mit vierzig muss man nicht mehr »fuckable« sein. Verflucht, war das anstrengend, immer dieses »Fuckable«-Sein, in den Schulpausen, in der Unimensa, auch wenn es das Wort früher noch gar nicht gab. »Bumskompatibel« hieß das damals, wenn ich mich recht erinnere: »Ella, du musst bumskompatibel sein«, lagen mir meine Tanten in den Ohren, jeden Tag.

Mit vierzig muss man als Frau nicht mehr andauernd nach einem Stift suchen. Den kann man sich jetzt unter die Brust klemmen, und er fällt nicht mehr runter. Das ist praktisch. Alternativ geht auch eine Filterzigarette oder ein Schokoriegel. Man kann auch zwei Stifte nehmen, um sich von anderen abzugrenzen. »Oh, da kommt Ella Carina Werner, die mit den zwei Stiften«, wird es von überall tönen.

Mit vierzig kann man Foxtrott tanzen und makellos Bridge spielen. Dafür braucht man keinen Kurs zu belegen, das kann man dann von selbst.

Mit vierzig kann man sich einen Jahrzehnte jüngeren Partner angeln, so wie diese coole Sau Brigitte Macron. Mit zwanzig ist das nach unten hin begrenzt.

Zwanzig war schlimm. Ich darf gar nicht daran denken. Mit zwanzig musste man immer Tomate-Mozzarella zu Partys mitbringen, sonst kam man gar nicht rein. Tablettweise aufgeschichtetes Tomate-Mozzarella, balanciert auf dem Gepäckträger des klapprigen Hollandrads. Fiel das Tablett auf halber Strecke herunter, galt es, die balsamicodurchtränkten Scheiben vom Bordstein zu kratzen, neu zu platzieren und die schwarzen Geröllsteinchen als grobkörnigen Pfeffer auszugeben.

Mit zwanzig muss man Sachen sagen wie »Portugal soll echt schön sein«, »Schon mal Rucola gegessen?« oder »Wie geil ist das denn!«. Mit vierzig muss man überhaupt nichts mehr sagen. Mit vierzig sitzt man einfach da, schädelt einen Eierlikör nach dem anderen, studiert die ZEIT-Bildungsreisen-Angebote und wartet auf den Tod. Okay, das habe ich auch schon mit zwanzig gemacht, aber jetzt ist es legitimiert.

Mit vierzig sind viele große Fragen oftmals schon gelöst. Zum Beispiel die Verhütungsfrage.

»Pille? Spirale?«, fragt mein 25-jähriger Fantasieverehrer.

»Nee, FUB. Finale Unfruchtbarkeit.«

»Wie geil ist das denn!«, ruft der Grünschnabel. »By the way, hast du schon mal Rucola gegessen?«

Mit vierzig muss man nicht mehr seine Eltern brauchen. Die brauchen jetzt dich. Guter Egoschub.

Mit vierzig kriegt man die ganzen guten Charakterrollen, in Spielfilmen und auf Familienfeiern.

Mit vierzig darf man die Dinge verniedlichen, darf »Stößchen« sagen und »Weinchen« und »noch ein Weinchen« und »Nahostkonfliktchen«.

Mit vierzig kann man alles, aber wirklich alles auf die nahenden Wechseljahre schieben, auch die neue SPD-Mitgliedschaft.

Mit vierzig kann man einen Platz im Seniorenstift vorreservieren. Das ist albern, aber immer noch weniger albern, als ungeborene Kinder in Kitas anzumelden.

Ab vierzig ist jede Geburtstagsfeier ein Bergfest.

Mit vierzig kann man in der Schweiz Sterbehilfe beantragen.

Mit vierzig ist man so alt, wie Marilyn Monroe nie war.

Mit vierzig kann man zu Fasching als Ursula von der Leyen gehen oder Ulrike Meinhof.

Mit vierzig muss man nicht mehr Cola-Rum trinken. Mit vierzig lässt man die Cola einfach weg.

»Ella, was wünschst du dir eigentlich zum Geburtstag?«, fragt meine Schwester. Meine Schwester ist noch jung, sechsunddreißig.

»Stifte. Nur Stifte«, sage ich gedankenschwer. »Am liebsten zwei silberne Füllfederhalter. Und Schokoriegel, Filterzigaretten, eine Meinhof-Perücke und ein Fläschchen Rumchen.«

Herrlich. Ich freue mich darauf. Nur noch ein paar Tage.

Menschen

Es ist wahr: Lustige Geschichten sind umso lustiger, je grantiger und misanthropischer sie sind. Grummelige Griesgrame, Sauertöpfe, Menschenhasser – so lustig!

Das ist mein Problem. Ich mag Menschen. Ich mag den jungen Mann mit dem Seitenscheitel, die alte Frau mit den hängenden Mundwinkeln und den Rentner mit dem stechenden Blick, der mich stumm in der S-Bahn fixiert.

Herrgott, ich mag sie! Sie sehen mich an, und ich mag sie. Sie reichen mir die Türklinke, und ich mag sie. Sie verkaufen mir ihre S-Bahn-Tageskarte 20 Cent billiger, und ich liebe sie.

Andere mögen Reptilien oder Starkbier, ich Menschen.

Ich mag ihre Augen, Zehen und Ohren, die knolligen Nasen, ihre Bauchnabel und die Fusseln in ihren Bauchnabeln auch. Ich mag, wie sie gucken. Wie sie aussehen gleich nach dem Aufwachen. Wie sie ihre Münzen an Fahrkartenautomaten reiben oder ihre Geschlechtsteile.

Wie sie sagen: »Ich muss mich mal kurz entschuldigen.«

Wie sie reden, wenn sie betrunken sind. Wie sie reden, wenn sie nicht betrunken sind. Ihre traurigen Lieder. Ich mag sie. Sogar in Internetforen. Sogar im Flixbus bei Nacht.

Ich mochte meine Lehrer. Immer. Alle. Sogar meine Sportlehrer. Das ist doch nicht normal. Stets versuchte ich, sie nicht zu mögen, aber sobald mir einer von ihnen Hilfestellung am Doppelreck gab, dachte ich: Hey, er gibt mir Hilfestellung, das ist aber nett.

Ich mochte alle meine Vermieter. Und die Frauen der Vermieter, auch wenn die meist gerade mit irgendeinem jüngeren Handwerker durchgebrannt waren. Und die Makler. Himmel, den Makler nicht auch noch, dachte ich jedes Mal. Aber immer wenn mich einer von ihnen ansah mit seinen eitertriefenden Axtmörderaugen, von Apfelkorn und einsamen Wichsnächten gezeichnet, schloss ich ihn in mein Herz.

»Die Wohnung kostet siebenhundert kalt. Staffelmiete nach Paragraf 557a«, sagte sein Mund.

»Niemand wird später mein Grab besuchen«, entgegneten seine Augen. Ich unterschrieb den Mietvertrag und gab noch etwas Trinkgeld.

Ich mag alle. Selbst meine Eltern. Nie habe ich sie gehasst.

»Jetzt hass doch mal deine Eltern«, nölten meine Schulkameraden immer, wenn wir uns dreckige Elternschwänke im versifften Oberstufenkeller erzählten (es waren so etwas wie frühe Poetry Slams).

»Jetzt hass uns doch mal«, ermutigte mich mein Vater, studierter Psychotherapeut, der wollte, dass ich mich endlich mal »abnabelte«.

Ich mag meine Kinder, alle beide, auch im Dämmerlicht morgens um fünf, wenn sie mir mit den kleinen Fäusten auf die Stirn hämmern. Ich mag, wie arglos sie dabei gucken. Ich mag ihre übergroßen Kinderköpfe, und die Lehrer und Ärzte und geldgeilen Kieferorthopäden meiner Kinder mag ich auch.

Was soll ich machen. Ich mag Rüstungsindustrielle. Ich mag Kohlekraftwerksbetreiber, Insolvenzverwalter, ich mag

Hütchenspieler, Fußballfans, Österreicher und sogar Markus Lanz. Ich mag Lateinlehrerinnen und meinen Zahnarzt aus Kindertagen, der stets ohne Betäubung bohrte. Irgendwas hat sich der Mann dabei gedacht.

Gerne würde ich die Menschen ein bisschen weniger mögen. Dann wären meine Texte lustiger. Zum Beispiel dieser. So lustig!

Gerne schriebe ich zum Beispiel eine freche Polemik über Christian Lindner. Wie gern würde ich Lindner verbal massakrieren, so richtig runterputzen. Blödfisch, Holzkopf, Nervensäge! Aber dann stelle ich mir Christian Lindner als Schulbub vor, den kleinen Christian, zwischen seinen hilflosen Händen ein ungeplant steifes Glied. Wie er mit diesen Händen das Glied verzweifelt wieder nach unten drückt, in der Umkleidekabine, drei Minuten vor Beginn des Schulschwimmens; aber nichts da, plopp, schnellt es wieder nach oben, das gottverdammte Stehaufmännchen, auf das bereits die ersten Tränen tropfen, wie in seiner Autobiografie »Der lange Weg zur Freiheit« beschrieben, wenn ich das nicht irgendwie verwechsele. Da zerfließt mir das Herz.

Immer versuche ich, die Menschen ein bisschen weniger zu mögen. Wenigstens ein paar, wenigstens alleinerziehende Witwen und Bioladenbetreiber mit Lese-Rechtschreib-Schwäche, weil die eh schon jeder mag, weil die meine Sympathie gar nicht nötig haben. Wenigstens Schnaps-an-Kinder-Verkäufer, aber ich kenne keine Schnaps-an-Kinder-Verkäufer, auch wenn viele, zum Beispiel meine beiden Brüder, genau so aussehen.

Ich möchte nicht, dass andere von meiner Menschenliebe erfahren, zum Beispiel meine Arbeitskollegen in der Titanic-Redaktion.

»Hey Ella, wie findest du eigentlich Menschen?«

»Och pfff ...«, wegwerfende Handbewegung, Lippen verächtlich verzogen. »Nicht so meins.«

Es heißt, wer Tiere liebt, hasst Menschen.

Und: Wer Menschen liebt, hasst Tiere.

Genau das ist mein Glück. Tiere mag ich nicht so gerne. Wenn ich die auch noch alle mögen würde, das Herz würde mir überlaufen. Tiere sind das Letzte. Wie die schon gucken. Vor allem Enten. Enten könnte ich alle erdrosseln. Je mehr Tiere ich kennenlerne, desto mehr liebe ich Menschen.

Der schönste Tag

Meine Cousine Albertine hat ein Kind geboren. Mutter und ich betrachten das erste Beweisfoto auf dem Handy.

»Wie süß«, sage ich und bekomme glasige Augen.

»Das musst du nicht sagen«, sagt meine Mutter. »Wir sind hier unter uns.«

Sie betrachtet den Bildschirm: »Die roten Flecken, der verbeulte Kopf, ja, gibt's dafür nicht Photoshop?«

Wir sitzen an Mutters Küchentisch, trinken Tee.

»Mama«, sage ich und rühre in meinem Glas. »Erinnerst du dich eigentlich noch an meine Geburt?«

»Nein«, sagt meine Mutter und schüttelt so energisch den Kopf, dass ihre Ohrgehänge klimpern.

Sie schaut aus dem Küchenfenster in den Nieselregen.

»Doch«, sagt meine Mutter. »Oh doch, doch, doch.«

Sie lehnt sich auf ihrem Küchenstuhl zurück. Ihre Augen sind auf einmal geweitet.

»Na dann. Erzähl doch mal«, stupse ich sie an.

»Nein«, sagt Mutter.

»Och komm, nur ein bisschen«, sage ich. »Das betrifft auch mich. Ich habe auch mitgemacht.«

»Du und mitgemacht?«, ereifert sich Mutter. »Das wüsste ich aber.«

Lange sitzt sie einfach so da, schaut in ihr Teeglas, als ob auf dessen Grund etwas Geheimnisvolles schwimmt.

»Na gut«, sagt Mutter. »Ja, ich erinnere mich.«

Sie senkt die Stimme.

»Es ist November, es ist Nacht. Durchs Fenster schimmert der Vollmond. Ich liege so da. In diesem blütenweißen Kreißbett. Mit vollem Bauch. Darin steckst nämlich nicht nur du, sondern auch ein komplettes Käsefondue. Appenzeller, junger Gruyère, ich weiß es noch wie heute. Wir hatten am Abend bei den Nachbarn gefeiert, es war zwei Wochen vor dem Termin. Ja, hätte ich denn ahnen können, dass du schon kommst? Sonst warst du ja immer eher fürs Trödeln, Stichwort Uniabschluss. Bei Gott, dieses Käsefondue war wirklich eine Wucht. – Wo war ich noch mal? Ach ja. Die ersten sachten Wehen sind bereits verebbt, keine große Sache. Zwei Hebammen sitzen gelangweilt in der Ecke, spielen Bridge. Der Arzt ist eine rauchen. Wir warten. Und warten und warten, während ich darüber brüte, was schlimmer ist: das Warten oder dieser schlecht geschnittene Gebärkittel, den ich tragen muss. Ab und an linse ich quer durch den Kreißsaal zum anderen Kreißbett, zu dieser dauergrinsenden Rotblonden. Mehrfachbelegung, das war ja damals so, aber da tut sich auch nichts. Nach Mitternacht warten wir immer noch, hier und da eine mickrige Wehe, mehr nicht. Dann flößt mir eine der Hebammen ein Mittelchen ein. So einen süßlich schmeckenden, wehenfördernden Saft. Und dann kommt es raus.«

»Du meinst, ich?«, frage ich.

»Nein, das Käsefondue natürlich«, sagt Mutter. »Was habe ich gereihert. Quer über das ganze Kreißbett. Die Hebamme flucht, will gerade meinen Kittel abwischen, da kommt sie auch schon. Die erste starke Wehe. Die erste Austreibungswehe, die diesen Namen verdient hat. Hoppala. Das war ein Schmerz, wie soll ich das beschreiben …? Ich könnte mir vorstellen, eine solid gezimmerte Streckbank in einer mittelalterlichen Folterkammer hat denselben Effekt. Doch ehe ich darüber nachdenken kann, kommt auch schon die zweite. Bam bam bam bam bam ...«

»Klingt wie Krieg«, sage ich.

»Es *ist* Krieg«, sagt meine Mutter. »Bei Gott, es ist, als ob du schwer verletzt versuchst, den rettenden Hubschrauber zu erreichen, verfolgt von einem Dutzend Vietcongs. Hast du *Platoon* gesehen?«

»Mama, *du* hast *Platoon* gesehen?«

»Natürlich«, sagt Mutter, »zur Traumabewältigung. Und natürlich gebe ich nicht auf. Ich halte mit allem, was ich habe, dagegen. Da liege ich. Auge in Auge mit dem Russen. Also dem russischstämmigen Arzt, der mittlerweile doch mal eingetrudelt ist und kalt lächelnd am Fuße des Bettes steht. Dr. Karkarow hieß der, hätte aber auch Dr. Guckindieluftkow heißen können oder Meinefingerstinkennachrauchkow, dieser Kurpfuscher.«

»Und dann?«, frage ich.

»Und dann«, sagt meine Mutter, »ist auch schon die dritte Wehe im Anmarsch. Die eine, alles überragende. Die Monsterwehe. Ich spürte sie schon von Weitem. Wie ein Heer spanischer Söldner, ja wie die gesamte deutsche Ostfront bewegt sie sich auf mich zu. Diese gottverdammte dritte. Und ich denke, das war's jetzt. Das überlebst du nicht. Weißt du, wie es ist, wenn dich eine Handgranate von innen zerreißt? Wie sich ein kalter Entzug nach einer Cracknacht anfühlt?«

»Nein«, sage ich.

»Ich auch nicht«, sagt meine Mutter. »Aber so ungefähr muss es sein.«

»Hattest du denn keine Betäubung?«, frage ich.

»Keine Betäubung«, nickt Mutter und klingt ein bisschen stolz. »Das waren noch nicht diese Wohlfühlgeburten wie heute: PDA, Wassergeburt mit Schaumbad, Duftnote Granatapfel-Limette ... Und als ich mich einmal umsehe, zum anderen Ende des Kreißsaals hinüberspähe, durch meinen Vorhang aus schweißnassen Haarsträhnen, sehe ich wieder die Rotblonde, die gerade ihr viertes Kind herauswinkt und zwischendurch noch zu mir herüberlächelt, die Angeberin. Und bei mir ist nichts als die vierte Wehe in Sicht, während am Fenster im selben Moment der Blitz einschlägt ... Okay, das Letzte war jetzt hinzugeflunkert, aber nur das. – Kurz, so langsam schlägt mir das Ganze mächtig auf die Laune. So langsam ist da nichts mehr mit klassischer Weiblichkeit, Stichwort Sanftmut. ›Ruhig, ganz ruhig‹, höre ich die Hebammen um mich herum schwadronieren, doch an Ruhe ist nicht mehr zu denken. Ich strample und trete wild um mich. Sooo!«

Meine Mutter tritt gegen einen Küchenstuhl. Der Stuhl fällt zu Boden.

»Alle Achtung«, sage ich.

»Danke«, sagt meine Mutter und rückt den Kragen ihrer Bluse zurecht. »Also, drei Hebammen halten mich fest, das heißt, irgendwann sind es nur noch zwei, der dritten habe ich inzwischen einen Bauchtritt mit der strampelnden Ferse verpasst.«

Mutter sitzt da, die Augen aufgerissen, der Blick seltsam entrückt.

»Mama, alles gut?«

»Unterbrich mich nicht«, bellt sie zurück. »Ich bin gerade so gut drin. Und ich denke, nein, sage, nein, brülle durch den ganzen Kreißsaal, dass es noch von den Neonröhren an der Decke widerhallt: ›Baby, wir werden diesen Krieg nicht verlieren! Ich lebe in einer Welt voller Scheiße, jaaa! Aber ich bin am Leben. Und ich habe keine Angst!‹«

»Krass«, sage ich. »Ist das nicht ein Zitat aus *Full Metal Jacket*«, denke ich.

»Ja, und dann?«, frage ich.

»Ich sage dir, was dann«, sagt Mutter. »Dann platzt auch noch meine Fruchtblase, oder mein Darm, das ist im Strudel der Ereignisse auch nicht mehr auszumachen. Flüssigkeiten, überall: Blut, Schweiß, Tränen und halb verdautes Käsefondue. Während die Hebamme – so eine dümmliche Dralle mit Schafsaugen, weißt du – sagt, nein, flötet, mit ihrer schönsten Foltermagdstimme: ›Und nun pressen, liebe Frau Werner – pres-sen!‹ Bei Gott, ich sage dir, ich presse, wie ich nie zuvor im Leben gepresst habe. Ich hätte eine ganze Einbauküche herauspressen können, mit Kücheninsel, wenn das gottverdammte Biest, also du«, Mutter zwinkert mir zu, »sich nicht so störrisch an die Plazenta geklammert hätte.«

»Und der Arzt?«, krächze ich. »Konnte der nicht helfen?«

»Der Arzt?«, hohnlacht Mutter. »Der Trottel feuert mich noch an: ›Sie schaffen das! Ruhig atmen! Und eins und zwei ...‹, da brülle ich ihm ins Gesicht: ›Du gottverdammter Höllenhund, verrecke!‹«

»Du gottverdammter Höllenhund, verrecke«, wiederhole ich und präge mir alles gut ein.

»Und Papa?«, frage ich.

Mutter verdreht die Augen. »Der hat sich schon mal voller Vorfreude bei den Nachbarn betrunken, das war ja damals so. Väter waren im Kreißsaal nicht zugelassen. Ich war ihm nicht böse. Irgendwas musste der alte Tunichtgut ja solange machen.«

»Und wann komme ich?«, frage ich.

»Das habe ich mich damals auch die ganze Zeit gefragt«, knurrt Mutter. »Zunächst ist aber noch der Damm gebrochen, beziehungsweise gerissen. Gefolgt von einem ohrenbetäubenden Schrei, ob aus meiner Kehle oder deiner, die du plötzlich irgendwo zwischen meinen Beinen baumeltest. Ja, da warst du.«

»Da war ich«, echoe ich, irgendwie erleichtert.

»›Wenn du dein Baby im Arm hältst, sind alle Schmerzen vergessen‹«, singsangt meine Mutter. »Auch so eine Weisheit. Also bei mir nicht. ›Nie wieder. Nie, nie wieder‹, habe ich nur gestammelt, als ich dich im Arm hielt. Aber das habe ich bei deinen Geschwistern später auch gesagt.«

Mutter trinkt ihren letzten Schluck Tee. Ich fühle mich irgendwie betreten.

»Das tut mir alles sehr leid, Mama«, sage ich und wische mir den Schweiß von der Stirn.

»Das hättest du damals sagen sollen«, schnaubt Mutter, »anstatt auch noch die ersten hundertfünfzig Nächte durchzubrüllen.«

Ihre hellen Augen funkeln mich an.

»Danke für alles«, sage ich reumütig. »Danke, danke, danke.«

»Und ich dachte schon, du würdest es nie sagen«, sagt meine Mutter mit sehr zufriedenem Blick.

Und nun bräuchte sie dringend mal einen Schnaps.

Ich hole kleine Gläser, wir trinken einen Kräuterbitter. Und dann noch einen.

»Soll ich dir was sagen?«, sage ich, schon ein bisschen schnapsselig. »Manchmal, wenn mir das ganze Leben über den Kopf wächst, wünsche ich mich wieder da hinein«, sage ich und zeige auf Mutters Bauch.

»Manchmal, wenn du als Kind mal wieder deine Ausraster hattest, kam mir derselbe Gedanke«, lächelt meine Mutter. »Und willst du auch noch wissen, wie du gezeugt wurdest«, erkundigt sie sich, »jetzt, wo ich gerade so in Fahrt bin?«

Auch wenn das natürlich spannend klänge, sage ich, heute lieber nicht. Ich müsste das eben Gehörte erst mal verarbeiten, so die nächsten sieben, acht Jahre.

»Ein andermal«, sage ich salomonisch. »Ein andermal bestimmt.«

Menopause Turbosause

Freitagabend. Wir hängen in Kirstens Wohnzimmer herum, Kirsten, Lisa, ich und vier leere Flaschen Burgunder. Ich liege in den flauschigen Kissen des Sofas und komme nicht mehr heraus.

»Wie wäre es, wir machen mal wieder was Verrücktes?«, durchbricht Lisa die schläfrige Stille und richtet sich in ihrem Sofakissen auf.

»Was?«, fragt Kirsten. Ihr linkes Auge schimmert durch ihr Weinglas.

»Etwas, das wir schon immer tun wollten«, sagt Lisa. »Etwas, nach dem wir uns immer gesehnt haben.«

»Ein abbezahltes Eigenheim«, haucht Kirsten.

»Globaler Kommunismus«, rufe ich.

Lisa schüttelt den Kopf.

»Wir gründen eine Punkband«, sagt sie. »Das wollten wir doch immer. Damals, in der Schule, da waren wir kurz davor. Bis sich Ella in diesen bibeltreuen Christen verknallt hat, und aus war's mit dem Traum.«

Kirstens Auge guckt jetzt über ihr Weinglas. Ich sinke noch tiefer in mein Kissen. Die Bandpläne, die hatte ich ganz vergessen. Den bibeltreuen Christen hatte ich auch ganz vergessen, aber jetzt kommt alles wieder hoch.

»Ich bin dabei«, sagt Kirsten und hebt einen Arm. »Ich bin die Sängerin.«

»Ich bin auch die Sängerin«, sage ich.

»Mist. Ich bin auch die Sängerin«, sagt Lisa.

Wir schweigen.

»Ist Punk nicht tot?«, frage ich.

Lisa stellt ihr Weinglas ab. Ihre Wangen geraten ins Glühen.

»Nicht Punk leicht verblühter Akademikerinnen«, sagt Lisa, »die teilweise sogar Kinder haben.«

Was da für Potenzial drinstecke. Für Radikalität, für Wut, für überschüssige Energie, die sich in unseren Texten freisetze und in unseren Kopfsprüngen in die pogende Menge. Ein innerer Aufruhr, der sich in unserem heiseren Brüllgesang Bahn bricht und als wütender Speichel ins Mikro tropft. Der all unsere verworrenen Sehnsüchte herunterbricht in dreckige Dreitonakkorde.

Ob man auch seinen Ärger mit der Autoversicherung in dreckige Dreitonakkorde gießen könne, fragt Kirsten, und Lisa sagt: »Das kann man.«

Wo wir auftreten sollen und in welchen Intervallen, auf welche Körperteile wir die Büroklammern stecken, in welcher Sprache wir singen, ob Deutsch, Englisch oder in irgendeinem radikalen Anarchodialekt, Plattdeutsch oder Nordhessisch, und wer die Instrumental-CD einlegt, wenn wir zu dritt ins Mikro grölen, dass der Speichel spritzt: All das denken wir an, aber nicht zu Ende.

»Wir brauchen Sicherheitsnadeln«, sagt Lisa. »Und wir brauchen richtig steile Iros.«

»Der Punker, den ich mal kannte«, sage ich, »hat seinen Iro immer mit Sperma in Form gebracht.«

Das bringt uns ins Grübeln.

»Wir brauchen Sperma«, sagt Lisa. »Und wir brauchen einen guten Bandnamen, der klassisch-anarchisch ist und doch mit unserer realen Lebenssituation irgendwie verwoben.«

»*Eiternde Kaiserschnittnarbe*«, schlägt Kirsten vor.

»*Tod im Eigenheim*«, lege ich nach.

»*Kommando Klitoris*«, erweitert Lisa die Liste. Lisa sagt, sie habe die aktuellen deutschen Punkbands gegoogelt, *Zwangsentsamung* hießen die oder *Erigiert ist der größer*. Nun gälte es, verkrustete patriarchale Strukturen aufzubrechen.

»Oder wie wäre es mit *Menopause Turbosause?*«

Dann rufen alle durcheinander: *Frau Hölle, Blitzkrieg in der Baugemeinschaft, Einstürzende Drittstaaten, Rostige Rosenbüsche, Ausgeleierte Poporitze, Moshende Mütter …*

»Mütter, wieso denn Mütter«, mault Lisa. Warum wir sie andauernd diskriminierten, nur weil sie als Einzige von uns keine Kinder hätte. Man könne auch ohne Kinder keine Lebensfreude haben. Man könne auch ohne Kinder richtig scheiße drauf sein.

Ich schließe die Augen. Bildgewaltige Szenen schießen mir durch den Kopf wie der Alkohol durch die Venen. Ja, wir gründen eine Punkband. Wir werden auf rotzigen Festivals spielen, dort, wo die Bratwürste fünfzig Cent kosten und das Bier aus verbeulten Dosen schießt. In rostigen Kupferkesseln blubbert gammeliges Chili sin Carne, während die männlichen Punker uns zaudernd zulächeln. In zerfetzten Leggins und Netzhemden toben wir über die Bühne, und am Ende tritt Kirsten an den Bühnenrand und zeigt allen ihre Kaiserschnittnarbe.

Kirsten holt eine neue Weinflasche, ein guter Grauburgunder.

»*Schlechter Grauburgunder*«, sage ich, »auch ein guter Bandname.«

Jetzt geraten wir richtig in Wallung. Jetzt ist alles auf einmal klar. Wir werden auf Reisen gehen, in unserem Tourbus, wir sausen durch Rostock, Krakau, Minsk bis hinein in Putins Kreml. Wir werden Sex haben, mit zahnlosen Hausbesetzern und den Leitern der Goethe-Institute, beschwört Lisa.

»Wieso denn Goethe-Institute?«, frage ich.

»Weil eine A-cappella-Punkband von Frauen mit universitärer Bildung total in deren Förderkonzept passt«, erklärt Lisa.

Ob wir nicht lieber die FSJler der Goethe-Institute nehmen könnten, schlage ich vor, und alle sind einverstanden.

Ob ihre Kinder mitkommen dürften, will Kirsten wissen.

»Ja, die Kinder dürfen mit«, sagt Lisa, »aber nur im Gepäckfach.«

Und ihr Mann auch, denn irgendwoher bräuchten wir ja das viele Sperma.

Plötzlich scheint sich alles zu fügen. Plötzlich ist mir klar, warum ich meine Doktorarbeit hingeschmissen habe und warum ich den abgebrochenen Mercedes-Stern am Lederband immer noch besitze. Wir haben genug Kulturjobs gemacht, Windeln gewechselt und Softjazz gehört.

»Ich will nicht mehr jeden Tag die Fußbodenheizung spüren«, verkünde ich, ehe ich mein sechstes Weinglas exe. »Ich will mich nicht mehr fühlen wie in einem Song von *Tocotronic*!«

»Du hast gar keine Fußbodenheizung«, sagt Kirsten.

»Und natürlich schreibe ich die Texte«, rufe ich, nun kann mich nichts mehr halten.

»Mach richtig dreckige Metaphern rein«, beflügelt mich Kirsten, und Lisa lärmt: »Richtig gute Texte schreiben, das wolltest du doch immer!«

»Das wollte ich immer«, sage ich.

Anarchisches Liedgut spinnt sich in meinem Kopf wie von selbst, Songtitel kommen mir in den Sinn von nie da gewesener Wucht.

»Per Taxi in die Hölle«, »Fußpilz in Flensburg«, »Macht aus dem Staat – Couscoussalat« ...

Kirsten sitzt stumm da, schaut auf ihre Socken.

»Eigentlich mag ich den Staat ganz gern«, sagt sie.

»Dumpfbacke«, sagt Lisa. »Das ist doch nur metaphorisch gemeint. Wir wollen aufrütteln, provozieren, sabotieren!«

Ich höre kaum zu, ganze Mitgrölrefrains brechen sich in meinem Kopf Bahn mit ungeahnter Wucht: »Hey, ihr Spießer, unsere Lieder brennen eure Städte nieder«, »Sie fiepen laut, sie kriechen raus – Ratten im Schauspielhaus«, oder Reformhaus? Dürfen sich Punkverse überhaupt reimen? Egal, wüste Liedzeilen fügen sich aneinander, brutaler als Battle-Rap, unappetitlicher als die Geburt meiner Tochter. Und ab und an ein bisschen Diskurs-Punk, aber nur für die Goethe-Institute. Ansonsten: dreckige, eingängige Zeilen, die sämtliche bürgerlichen Werte schreddern.

»Ich mag die bürgerlichen Werte eigentlich ganz gern«, sagt Kirsten.

»Scheiße Mann, ich mag die bürgerlichen Werte auch ganz gern«, sagt Lisa. »Das kann ja ruhig deine faschistische Privatmeinung sein, das musst du ja nicht gerade ins Mikro grölen.«

Kirsten sagt, Lisas Ton sei ihr jetzt zu schroff. Gewalt befürwortende Songtexte gern, aber in dem Ton nicht untereinander. Und wenn sie darüber nachdenke, sei es ihr irgendwie doch zu intim, wenn Lisa und ich das Sperma ihres Mannes im Haar trügen. Überhaupt sei sie sich gerade gar nicht mehr so sicher. Wie solle das mit der Tournee denn laufen, ihre Söhne müssten dienstags zum Hockey.

»Dann nehmen wir halt Analogsperma«, lenkt Lisa ein. »Dann kommt der Hockeylehrer halt mit. Jetzt darf nicht alles wieder platzen. Jetzt, wo wir so weit sind.«

»*Analogsperma*«, rufe ich. »Auch ein guter Bandname!«

»Wir kündigen unsere Jobs«, glüht Lisa. »Wir kündigen die Kitaplätze, den Generationenvertrag und den bürgerlichen Wertekanon. Fangen wir einfach an.«

»Jetzt gleich?«, frage ich. Lisa nickt. Sie habe dieses Wochenende sonst nichts Wichtiges vor.

»Okay«, sage ich.

»Okay«, sagt Kirsten. »Fangen wir damit an, Löcher in unsere Strickjacken zu schneiden.«

Ich stehe auf, wanke durchs Wohnzimmer.

»Weißt du, wo die Küchenschere liegt?«, ruft Kirsten.

»Ich glaube schon«, sage ich.

Pro und Kontra

Ich war neulich bei meinem 20-jährigen Abijubiläum, und es war richtig nett. Es war nicht mehr dieses Herumgepose wie vor zehn, fünfzehn Jahren, als alle noch beim Sortieren und Ankommen waren. Alle waren inzwischen irgendwo angekommen, wie fragwürdig auch immer. Die Dinge hatten sich ein wenig gesetzt. Wer jetzt kein Kind hatte, gebar keines mehr. Wer jetzt noch rauchte, tat es für immer. Wer jetzt eine nette Ehefrau hatte, verließ sie erst in fünf bis zehn Jahren. Einträchtig stand man beisammen, freute sich, dass man noch am Leben war, und nuckelte an seiner Flasche Herforder Pils.

»Und, Ella, was machst du noch mal?«, fragte Jörn, der draußen zwischen mir und dem Standaschenbecher stand. Wir rauchten. Hinter uns der geräumige Gasthof, in dem die Feier stieg, vor uns der nachtschwarze, westfälische Acker, der sich endlos vor unseren Füßen ausrollte bis zum Horizont.

»Bist du nicht Analytikerin?«

»Satirikerin«, sagte ich.

»Oho«, sagte Jörn.

Er blies den Rauch seiner Zigarette aus in kleinen, schnellen Stößen.

»Also ... bist du links?«, fragte er.

»Hm. Schon«, sagte ich.

»Wow«, sagte Jörn. Danach schwieg er eine Weile, sog gedankenvoll an seiner Zigarette, Marke Benson & Hedges.

Dann, sagte Jörn, hätte ich vermutlich eine ganz andere Weltsicht als er. Dann, sagte er, dächte ich in vielen Dingen des Lebens quasi konträr zu ihm.

Das sei möglich, sagte ich.

Das sei fantastisch, sagte Jörn und strahlte mich an.

Ich müsse wissen, seit seinem Studium der BWL und dem ersten Job in der Investmentberatung hätten immer alle dieselbe Weltsicht wie er. Ganz genau dieselbe. Sogar sein fünfjähriger Sohn spare schon sein Taschengeld für einen BMW. Immer alle d'accord, immer alle auf einer Linie, sagte Jörn mit Bedauern in der Stimme. Da erweitere man ja niemals seinen Horizont.

»Für einen Investmentberater bist du richtig reflektiert«, sagte ich.

Das sei er, nickte Jörn. Und ich herrlich schön frech. Ah, das habe ihm die letzten Jahre, ach was, Jahrzehnte, so manches Mal gefehlt. Einmal infrage gestellt zu werden, einmal kontra zu bekommen, wie sehr er sich danach sehne.

Er sah mich an.

»Wir können uns streiten, Ella«, sagte Jörn. »Pro und Kontra, Rede und Gegenrede, hier und jetzt.«

»Okay«, sagte ich.

»Sag mal was«, sagte Jörn.

»Was?«, fragte ich.

»Egal«, präzisierte Jörn. Es interessiere ihn alles. »Greif irgendwas heraus aus der Fülle an Themen.«

Ich entfachte eine neue Zigarette und sagte, die Fülle an Themen würde mich grundsätzlich eher überfordern.

»Dann«, sagte Jörn und raufte sich das dunkle Haar, das auch schon mal voller war: »Sag: Wie findest du Autos?«

Er sah mich erwartungsvoll an.

Jetzt musste ich liefern. Ich wählte meine Worte mit Bedacht.

»Autos sind scheiße«, sagte ich. »Alle abschaffen. Alle ab in die Schrottpresse.«

»Autos ... scheiße ... alle abschaffen«, wiederholte Jörn. »Unfassbar! Als wäre das so einfach. Als ob da nicht die ganzen Arbeitsplätze dranhingen und die gesamte deutsche Volkswirtschaft.«

Er nahm aus seiner Benson & Hedges einen kräftigen Zug.

»Und Mindestlohn, wie findest du den?«

»Ab 20 Euro okay«, sagte ich.

»20 Euro«, staunte Jörn und schlug sich gegen die Stirn.

»Nein wie herrlich, nein wie realitätsfern«, sagte er und lachte leise in sich hinein. Als sei das nicht Ausweis reinsten Unwissens, ja kompletter Ignoranz.

»Und Flüchtlinge?«, fragte er. »Was sagst du zu den vielen Flüchtlingen?«

»Zu den Flüchtlingen sage ich Geflüchtete«, sagte ich.

»Geflüchtete«, rief Jörn. »Köstlich! Sagt man das so in der Antifa? Salbadert man so in der taz? Und was tun, deiner Meinung nach, mit den vielen Geflüchteten?«

Ich durfte ihn nicht enttäuschen.

»Alle reinlassen«, sagte ich.

»Alle reinlassen, fantastisch«, gluckste Jörn.

Langsam begann das Gespräch, richtig Spaß zu machen. Langsam begann auch ich, endlich einmal wieder zu fühlen, wer ich war und wo ich stand. Das war mir sonst nur selten klar, daheim bei meinen Leuten, in meiner vertrauten Welt.

»Und Walfang, was sagst du dazu?«, durchbrach Jörns übersprudelnde Stimme meine Gedanken.

»Nicht so toll«, sagte ich.

»Okay, finde ich auch«, murmelte er enttäuscht.

Dann fiel ihm etwas ein: »Aber wenn das Arbeitsplätze schafft?«

»Spielt keine Rolle!«, rief, nein, verkündete ich, spieh jede Silbe in den Nachthimmel. So langsam kam ich in Fahrt.

»Spielt keine Rolle«, japste Jörn. »Großartig, ja komplett krank. Was für ein Gespräch!«

Es war wirklich ein tolles Gespräch, das muss ich sagen. Wir hatten uns nichts zu sagen, aber das immerhin diametral.

Es war erstaunlich: Bei Tageslicht hätten wir uns gehasst, im Alltag wären wir uns seit dem Abitur nie mehr über den Weg gelaufen, außer vielleicht beim TÜV, aber hier und jetzt standen wir Seite an Seite, zwei Antipoden, vereint in Differenz, und sahen gemeinsam über den endlosen Acker bis zum Horizont. Der sich, so war es schemenhaft zu erkennen, in diesem Moment noch weiter ausdehnte, immer weiter, unendlich weit, ob bedingt durch literweise Pils oder dieses Gespräch, war nicht zu unterscheiden.

Ich dachte daran, den Arm um Jörns Schulter zu legen, aber ich tat es nicht.

»Ella, sieh auf den Acker«, sagte Jörn, wobei seine Stimme ein leichtes Crescendo hinlegte. »Schau genau hin. Was siehst du?«

»Monokultur«, sagte ich mit Grabesstimme. »Pestizide. Insektensterben. Vanitas.«

»Und ich den Technologiepark, der hier bald gebaut wird«, jubelte Jörn. »So verschieden sind wir. Du Destruktion, ich

Konstruktion. Du billige Zigaretten, ich gute Zigaretten. Du Rosa Luxemburg, ich Jeff Bezos!«

Während ich noch versuchte, die beiden Genannten im Geiste zusammenzubringen, riss Jörn bereits beide Arme gen Himmel: »Ella, deine bloße Gegenwart irritiert und inspiriert mich zugleich. Deine herrlichen Denkfehler. Dein komplettes Unwissen. Deine hammergeile«, er sagte wirklich *hammergeile,* »Ignoranz. Jedes deiner Worte, jeder deiner Blicke, deine selbst gedrehten Ökokippen, ja sogar deine schlecht gefilzte Umhängetasche schreien mir ins Gesicht: Ich weltfremde Gutmenschtante verachte Leute wie dich!«

»Du lieber Himmel, du bist wirklich total bekloppt«, hauchte ich. »Ich verstehe dich nicht. Nichts an dir leuchtet mir ein.«

»Ich dich auch nicht«, strahlte Jörn.

»Oh, hallöchen, ihr beiden.«

Es war der nette Branko aus der Theater-AG.

»Na, was treibt ihr beiden denn so?«, fragte er, während er aus der Tasche seines Anoraks eine Schachtel Zigaretten herausfischte.

»Horizonterweiterung«, rief Jörn. »Zwiesprache. Neue Perspektiven gewinnen.«

»Wir quatschen hier gerade total konträr über die großen gesellschaftlichen Fragen«, krähte ich.

»Ist super«, riefen wir beide im Chor. »Mach mit. Erzähl uns von dir. Wer bist du? Wo stehst du? Was willst du vom Leben?«

Branko entzündete eine Camel und sagte, er arbeite als Berufsschullehrer, spiele Tuba in der Kirchenkapelle, engagiere sich ehrenamtlich bei den Johannitern, fahre einen schmucken Audi A8 und wähle CDU oder auch mal die Grünen. »Reicht das?«

»Uff«, sagte ich.

»Ach du Scheiße«, sagte Jörn und kratzte sich am Kopf. »Das passt jetzt leider gar nicht. Audi A8 und Helfersyndrom zugleich, und dann noch deine Balkanwurzeln, das ist zu mehrdimensional, wo sollen wir dich einordnen?« Das brächte alles durcheinander. Das würde hier noch mal ganz neue Fässer aufmachen.

»Und dann noch Camel-Zigaretten«, stöhnte Jörn. »Die konturloseste Marke der gesamten Tabakindustrie!«

Er sah sich um.

»Hey Branko, guck mal, die Tina. War das nicht deine Jugendliebe? Geh doch mal Hallo sagen«, sagte er und schob Branko ein Stück von uns weg.

»Und Tempolimit, wie findest du das?«, erkundigte sich Jörn, als Branko wieder verschwunden war, aber seine Stimme klang nun schon etwas träger. Das Gespräch hatte ein Stück an Schwung verloren. Frauenquote, Grundrente, die Vor- und Nachteile von Atomkraft, all das rissen wir noch halbherzig an. Ausgelaugt, aber auch zufrieden umarmten wir uns nachts um drei. Dann trennten sich unsere Wege.

Theater mit Tante

Ab 23 Uhr ist mit den Menschen nicht mehr viel los, vor allem in der U-Bahn. Gesichtszüge entgleiten. Oberkörper verlieren an Spannkraft. Schultern sacken gegen Fenster. Wildfremde Menschen schmiegen sich aneinander. Niemand sitzt mehr kerzengerade, außer meine Tante.

»Ich weiß nicht, ich weiß nicht«, sagt meine Tante auf dem Sitz neben mir und zupft an ihrem Abendkleid, dessen glänzender Saum den Boden streift.

Das Theaterstück, nun ja, es habe ihr schon ganz gut gefallen. In der Dramaturgie bestünden jedoch einige Mängel. Die Figurenkonstellation sei schwach gewesen und die Handlungsschritte nicht immer klar motiviert.

»Wie hieß das Stück noch gleich?«

»*König der Löwen*«, sage ich müde und spähe durchs Fenster, über die nachtschwarze Elbe.

»Und dieser junge Protagonist«, sagt meine Tante, »dieser adoleszente Löwe namens Simba war auch etwas eindimensional.«

Meine Tante ist Gymnasiallehrerin. Pensionierte Gymnasiallehrerin, das muss man wissen.

»Es ist ein Musical«, sage ich.

Das spiele keine Rolle, erklärt meine Tante. Bühnenaufführung sei Bühnenaufführung und müsse sich beweisen. Sie bleibe dabei: Einzelne Handlungsstränge seien unverständlich, ja komplett entbehrlich gewesen, genau wie dieses quälende Popcorngeraschel hinter uns.

»In den meisten deiner Opern ist die Handlung auch unverständlich«, sage ich.

»In den meisten Opern ist der Eintritt wenigstens so teuer, dass man sich die Frage gar nicht stellt«, kontert meine Tante. »Und auch dieser Gegenspieler, dieser Scar! Himmel, so durchschaubar wie die Witze in der Damenkloschlange.«

Apropos, eine so vollgepinkelte Klobrille habe sie seit der Uraufführung der *Iphigenie* in der Staatsoper nicht mehr gesehen.

Uns gegenüber sitzt ein älteres Paar in komplementärfarbenen Multifunktionsjacken. Die Frau umklammert ein *König-der-Löwen*-Programmheft, blickt uns wortlos an.

»Warum waren wir noch mal da drin?«, erkundigt sich meine Tante.

»Ein Freund arbeitet da und hat mir die Karten geschenkt«, spule ich zum dritten Mal ab. Einmal im Jahr machen meine Tante und ich einen »kulturellen Abend«, nur wir zwei. Die restlichen 364 Tage muss ich mich davon erholen.

»Und leider, leider war das Stück auch sehr epigonal«, stoßseufzt meine Tante. »Dasselbe Motiv des Brudermordes gibt es bereits bei *Hamlet*. Das muss man doch im Programmheft kennzeichnen.«

Aber gut, all die literarischen Referenzen seien ja auch erfrischend. Das schwierige Vater-Sohn-Verhältnis, herrlich, genau wie bei Kafka. Aber keine Verweise auf Schillers *Räuber*.

»Warum eigentlich nicht?«

Neugierig schaut meine Tante in die Runde. Die Frau gegenüber versteckt den Kopf hinter ihrem Programmheft.

»Vor allem dieses alberne Warzenschwein, dieser Pumba«, fährt meine Tante unbeirrt fort, »war doch ein wenig zu typisiert. Immer nur fröhlich, das ist doch niemand, außer diese Grinsekatze Markus Lanz. Und überhaupt, die moralische Essenz des Stücks, dieses ›Hakuna Matata‹, es gibt keine Probleme: Komisch eigentlich, dass das beim deutschen Publikum so gut ankommt. Dass wir, die wir jahrelang über die sogenannte Flüchtlingskrise gejammert haben, jetzt hier ›Hakuna Matata‹ im Takt mitklatschen – wenn es wenigstens im Takt gewesen wäre! –, ist doch ein wenig albern.«

»Die Fahrkarten bitte.«

Ein sehr großer Mann mit sehr großem Schnauzbart ragt plötzlich neben uns auf. Sein Brummbass erfüllt das Abteil. Ein angeklipptes Namensschild weist ihn als Kontrolleur aus.

Ich zeige meine Monatskarte, das Pärchen zeigt seine Wochenkarte, meine Tante ihr *König-der-Löwen*-Ticket.

»Die Fahrkarte bitte«, wiederholt der Kontrolleur. »Das ist nur eine Eintrittskarte.« Sein buschiger Schnurrbart wackelt bei jedem Wort.

»Huch«, sagt meine Tante. »Nur eine Eintrittskarte? Na so was. Ich dachte, da sei die Hin- und Rückfahrt mit drin.«

»Nope«, sagt der Kontrolleur.

»Bei der Staatsoper und dem Schauspielhaus ist das Bahnticket aber immer mit drin«, ereifert sich meine Tante. »Ich gehe normalerweise nämlich gar nicht in Musicals. Das populäre Musiktheater ist nicht ganz meine Welt, müssen Sie wissen. Das ist mir ein Tickchen zu unterkomplex. Also wenn Sie dann mal weiterwollen ...«, sagt meine Tante und legt den silbergrauen Kopf leicht schräg, auf den Lippen ihr schönstes Jungmädchenlächeln.

»Dann steigen Sie beim nächsten Halt mit aus«, sagt der Kontrolleur. »Dann brauche ich Ihre Personalien.«

»Wie? Was?« Das Lächeln meiner Tante entgleist.

»Sie fahren schwarz«, fasst der Kontrolleur die Sachlage zusammen. »Das macht 60 Euro, plus eine namentliche Registrierung. Strafgesetzbuch, Paragraf 265a.«

»Ich und schwarzfahren?«, entfährt es meiner Tante. »Ich bin noch niemals schwarzgefahren. Ich habe noch nie etwas Illegales getan, außer Antidepressiva rezeptfrei aus Rumänien zu bestellen. Sehe ich etwa aus wie ein Schwarzfahrer? Wenn jemand kein Schwarzfahrer ist, dann ich!«

»Wer sieht denn dann aus wie ein Schwarzfahrer?«, fragt der Kontrolleur.

»Na, der da«, sagt meine Tante und zeigt auf einen friedlich dösenden Lederjackenträger einen Vierersitz weiter.

»Oder der«, ihr Zeigefinger weist auf einen jungen Mann mit fettigem Haar und Sporttasche.

So langsam wird die Situation etwas unangenehm.

»Komm, Tantchen, ist schon okay«, zupfe ich sie am Ärmel ihres Boleros. »Kann jedem passieren. Bei der nächsten Station steigen wir ...«

»Mein Mann ist Arzt!«, wirft meine Tante argumentativ in die Waagschale.

»Aha«, entgegnet der Kontrolleur und verschränkt die Arme.

»Genau genommen Augenarzt«, verbessert meine Tante. »Mit eigener Praxis. Er praktiziert noch. Wenn Sie mal zu einer Untersuchung vorbeikommen möchten, natürlich kostenlos ...«

»Soso«, sagt der Kontrolleur. »Das macht dann 1.500 Euro wegen versuchter Bestechung eines städtischen Mitarbeiters. Paragraf 334«, erklärt der Kontrolleur die veränderte Sachlage.

Meine Tante wird kreidebleich.

»Nur Spaß«, sagt der Kontrolleur. »Aber beim nächsten Halt steigen Sie mit aus. Personalien aufnehmen, 60 Euro Bußgeld, da kommen wir nicht drum herum.«

Meine Tante hockt da, inzwischen nicht mehr ganz so aufrecht, eher in sich zusammengesunken wie eine verletzte Amsel.

Doch dann, wie von einem Marionettenspieler an Schultern und Kopf hochgezogen, richtet sie sich wieder auf. Drückt den Rücken durch, reckt das gepuderte Kinn, fixiert ihren schnauzbärtigen Widerpart und erhebt sich von ihrem Sitz, während die U-Bahn bremst.

»Jetzt hören Sie mir einmal zu«, sagt meine Tante mit bebender Stimme. »Jetzt schauen Sie mich einmal an. Ich bin eine Frau. Ich bin über sechzig. Ich trage handgenähte Pumps. Ich bin das Gegenteil eines klassischen Schwarzfahrers. Ich bin Lehrerin. Pensionierte Gymnasiallehrerin, Deutsch und Latein. Ego in finem!«

Augenlider öffnen sich. Fahrgäste recken die Hälse. Zwei Dutzend Augenpaare sind mittlerweile auf meine Tante gerichtet, gespannt darauf, was kommen mag. Ich ducke mich aus dem Blickfeld und spiele unauffällig an meinem Rucksack.

Der glühende Blick meiner Tante schwenkt wie ein Bühnenscheinwerfer hin und her. Dann reckt sie beide Arme gen Himmel.

»Meine Damen und Herren, sehen Sie mich an, bevor Sie über mich urteilen, ehe ich verdammt werde wie Fräulein Julie, sozial geächtet wie Effi Briest. Ich kann den Erlkönig auswendig. Ich spiele Klarinette. Ich helfe kleinen Igeln über die Straße. Einst, es war letztes Frühjahr, da ging eine arglistige Frau auf mich zu und wollte mir ihre *bereits benutzte* U-Bahn-Tageskarte weiterverkaufen, aber ich sagte Nein. Ich sagte: Liebe Frau, das ist nicht rechtens, denken Sie an Paragraf ..., wie heißt der noch mal?, und ich schritt entschlossen in die Gegenrichtung«, deklamiert meine Tante durchs Abteil und wedelt mit einer Hand durch die Luft, während sie mit der anderen versucht, dem Kontrolleur unauffällig einen Fünfzigeuroschein in die Hand zu schieben, doch vergebens.

»Ich bin eine ehrbare Frau«, ruft meine Tante. »Ich bin belesen, kultiviert, konfirmiert und komplett epiliert. Ich würde nie etwas Böses tun, außer im Bett mit meinem lieben Mann. – Ha, jetzt sind wir vorbeigefahren!«, ruft sie und zeigt auf die Tür, die sich in diesem Moment erneut schließt.

Dann wird ihr Blick wieder ernst.

»Und jetzt, so Gott will, halten Sie über mich Gericht. So sei es.«

Meine Tante gleitet zurück auf ihren Sitz, senkt das Haupt.

»Nu sag doch auch mal was«, knufft sie mir gegen die Schulter.

»Das mit den Igeln stimmt«, nicke ich in die Runde.

»Ich will nicht vorbestraft sein«, bäumt meine Tante sich ein letztes Mal auf. »Ich habe eine Zukunft. Ich brauche eine lupenreine Schufa-Auskunft. Ich brauche diese neue Ferienwohnung auf Föhr!«

Die letzten Worte flüstert sie fast: »Verliere ich jetzt meinen Beamtenstatus?«

»Und Ihre staatliche Beihilfe plus sämtliche überzogenen Pensionsansprüche«, knurrt der Kontrolleur, »wenn Sie Ihre dunkelrot bepinselte Schnute nicht endlich halten und aufhören, mich mit Ihrem Opernglas in den Bauch zu piksen!«

»Ach«, fährt meine Tante hoch, ihre Augen blitzen auf,

jetzt ist sie wieder die Alte: »Woher weiß denn überhaupt ein kleiner städtischer Hilfsarbeiter wie Sie, was Beihilfe ist?«

»So viele Staatsdiener, wie hier schwarzfahren, da weiß man das irgendwann«, blafft der Kontrolleur zurück.

»Tantchen«, bemühe ich mich, mediativ einzugreifen, »Tantchen, Hakuna Matata«, versuche ich, die allgemeine Anspannung zu lösen.

»Ach was«, schnaubt sie. »Sein Hakuna Matata kann sich dieses fette Warzenschwein in seinen fellbekränzten Anus stecken!«

So langsam kommt meine Tante richtig in Fahrt. So langsam leuchten ihre Wangen frisch durchblutet.

»Non est bonum«, gellt meine Tante. »Nichts ist in Ordnung, das ist es, in Deutschland, und hier und jetzt! – Haha, schon wieder vorbeigefahren!«

»Ich scheiße auf Ihr Bildungsgeblubber«, verliert der Kontrolleur die Geduld. »Ich bräuchte Ihre Personalien!«

»Brauche, nicht bräuchte«, schrillt meine Tante. »Der fehlerhafte Konjunktiv bringt Ihnen hier gar nichts!«

»Scheiß die Wand an«, dröhnt der Kontrolleur durchs Abteil, dass sämtliche Haltegriffe ins Wanken geraten. »Jetzt schieben Sie gleich Ihren samtverpackten Hintern nach draußen, Sie zahlen und basta. Das hier ist ein Rechtsstaat!«

»Wie viel ein Rechtsstaat wert ist«, höhnt meine Tante, »wissen wir spätestens seit *Hamlet*. Den Sie vermutlich für ein Möbelstück von Ikea halten. Wissen Sie überhaupt, wer das ist? Wissen Sie, was Schwarzfahren auf Altgriechisch heißt, Sie outgesourcter ÖPNV-Knecht auf freier Mitarbeiterbasis?«, krakeelt meine Tante, wobei sich ihre Stimme dreimal überschlägt.

Wie es ausging, weiß ich nicht, ich bin beim nächsten

Halt einfach ausgestiegen. Ich glaube, meine Tante hat es gar nicht bemerkt. Das Letzte, was ich sah, als ich mich auf dem Bahnsteig noch einmal umdrehte und durch die Fenster der wieder anrollenden U-Bahn sah, waren die Funken sprühenden Augen meiner Tante und der gewaltige, zornbebende Schnauzbart des Kontrolleurs.

Ich glaube, es ging noch länger.

Das hält die Liebe jung

Eine Zweierbeziehung ist schön. So eine richtige Liebesbeziehung zu zweit. Man ist sich ähnlich, schaut in dieselbe Richtung, hat dieselben Ansichten, und das ist gut. Oder man ist sich unähnlich, hat verschiedene Ansichten, und das ist vielleicht noch besser. Einer guckt fern, und der Andere kocht. Einer schläft, und der Andere wacht. Eine Seele in zwei Körpern.

Eine Dreierbeziehung würde mir allerdings auch gut gefallen. Einer schaut fern, der Andere kocht, und der Dritte bringt schon mal den Müll raus. Alles geht viel schneller, außer die Gute-Nacht-Küsse und die Steuererklärung.

Zwei schauen in dieselbe Richtung und der Dritte in eine andere, das hält die Liebe jung. Wenn zwei sich streiten, macht der Dritte schon mal das Abendbrot. Wenn Einer den Anderen vermöbelt, kann der Dritte die häusliche Nothilfe rufen. Und bei den Schwiegereltern sitzt man nie als Zaungast allein.

Eine Viererbeziehung hat aber auch was. Einer schaut fern, der Zweite kocht, der Dritte bringt den Müll raus, und der Vierte tut schon mal eine neue Tüte in den Mülleimer. Wenn zwei Sex wollen und zwei nicht, können die solange das Klo schrubben, das hält die Liebe jung. Zu viert kann man die herrlichsten Beziehungssoziogramme aufmalen. Zu viert kriegt man ein Großraumtaxi. Zu viert kann man immer

Doppelkopf spielen. Zu viert ist jeder Abend ein geselliges Beisammensein.

Zu viert kann man zu Fasching als die Terrorbande des NSU gehen, Arm in Arm: Beate, Uwe, Uwe und der Präsident des Bundesamtes für Verfassungsschutz.

Wenn Einer stirbt, bleibt niemand allein. Wenn noch Einer stirbt, bleibt immer noch niemand allein. Wenn noch Einer stirbt, dann schon. Aber dann hat der Letzte vielleicht schon einen schönen Batzen geerbt, und das ist doch auch mal was.

Sommerbalkonweingeschichte

Es gibt drei Dinge, um die Deutschland in aller Welt beneidet wird: Schweinshaxen, Strandkörbe und die endlos mögliche Aneinanderreihung von Substantiven.

»Mann, das ist so geil«, jubelt meine französische Cousine Albertine, die gerade mit Baby zu Besuch ist.

Sie spricht sehr gut Deutsch. Sie liebt Deutschland. Am meisten liebt sie, dass man in Deutschland mehrere Wörter einfach aneinanderhängen kann. Zack und zusammen, und da ist ein neues Wort.

Es ist abends, die Sonne glimmert über die Häuser, wir sitzen auf meinem Balkon. Albertine beugt sich tief über meinen Duden.

»Geht auch ... Hefeteiggesicht?«, erkundigt sie sich.

»Das geht«, sage ich.

»Geht auch Schneeleopardenhalsweh?«

»Klar«, sage ich.

»Geht auch Samenbankgeheimnis?«

»Das geht alles«, entgegne ich, nippe an meinem Riesling und fühle mich ein bisschen gut.

Albertine blättert weiter, macht sich Notizen. Strahlt.

Die deutsche Sprache sei ja bereits bei kürzeren Zweiwortverbindungen zum Piepen: Fremdscham, Herdprämie, Waldeinsamkeit, Wutbürger, Lügenpresse ... In Frankreich würden sie immerzu spötteln über die seltsamen deutschen

Wörter, dabei seien sie im Grunde poetisch, ja geradezu subversiv.

»Schneckenimmobilie«, gluckst Albertine.

»Schneckenimmobilienkrise!«

Sie lacht ihr glockenhelles provenzalisches Lachen, wie nur junge Französinnen lachen, Französinnen mit den schönsten Turmfrisuren und bronzefarbenen Nasenspitzen; eine Spitze, die man bei Albertine jedoch selten sieht, immerzu versenkt in meinen Duden.

»Geht auch Frühlingsherbst?«

Albertines Mundwinkel zucken.

»Geht auch ... Dünnpfiffministerium?«, fragt sie und legt rasch ihre rosé lackierten Fingernägel über die Lippen: »Das geht aber nicht, oder?«

Ich sage, in der Frankfurter Allgemeinen Zeitung würde das Wort vermutlich nicht gerade im Leitartikel verwendet, aber rein grammatikalisch sei es nicht zu beanstanden.

»In Frankreich würde man dafür auf die Guillotine geschnallt«, flüstert Albertine ins Abendrot.

»In Frankreich wird man auch für Socken in Sandalen auf die Guillotine geschnallt«, sage ich.

Albertine sagt, okay, das sei auch angemessen, das sei wirklich pervers.

»Tennissocken! Sockentennis«, kichert sie.

In Deutschland sei eben alles möglich, erkläre ich. Socken in Sandalen, grün wählen und gleichzeitig rechts sein, wir seien eben ein flexibles Volk.

Die Sonne ist schon untergegangen. Es ist noch warm. Es ist Juni. Albertine greift nach ihrem Weinglas, lehnt sich in ihrem Liegestuhl zurück.

»Die deutschen Substantive«, sagt sie beseelt, »sie sind wie

Legosteine, wie Brio-Bahnschienen, wie die fetten alten Leute in den Nachtclubs von Nizza: Alles paart sich mit allem, alles lässt sich miteinander verbinden, egal wie bekloppt auch immer.«

»Bürotassenhumordeutsche«, fällt mir ein. Das Wort hätte ich kürzlich in einem Buch des Schriftstellers Benjamin von Stuckrad-Barre gelesen. Albertine prustet los und schwört bei der neuen Nase von Carla Bruni, ihre nächste Katze heiße Vonstuckradbarre, schon jetzt.

Dann entdeckt sie im Duden ein neues Wort: Ostwestfalen.

Ob es auch Nordostwestfalen gäbe, will Albertine wissen, und ich zeige ihr meine Heimatregion auf Google Maps.

Sie knufft mir gegen die Schulter: »Ihr Deutschen seid ein bisschen anarchisch.« Das hätte sie früher gar nicht gedacht. »Und ich dachte immer, ihr Deutschen seid kleinlich. Dabei seid ihr das weitherzigste Volk unter der Sonne.

»Weitherzigkeitsdeutschlandvolk«, tönt Albertine. »Ich beneide euch. Die kompositorischen Möglichkeiten eurer Sprache sind einzigartig, immens!«

»Dafür habt ihr zwei Weltkriege gewonnen«, sage ich lässig, aber etwas stolz bin ich doch.

Einzigartig stimmt übrigens nicht ganz. In Ungarn und Finnland kann man ebenfalls Substantive zügellos aneinanderreihen, aber das werde ich Albertine niemals sagen, und die finno-ugrische Sprachfamilie ist sowieso komplett verrückt.

Warum wir Deutschen nicht auch in anderen Lebensbereichen großzügiger seien, zum Beispiel mit den Euroschulden der Südeuropäer oder im Respektieren territorialer Grenzen? Und wie viele Substantive denn eigentlich maximal gingen?

»Sehr viele«, sage ich. »Unendlich viele«, rufe ich. »Unendlich wie das Universum!«

Wir schweigen, schauen in den immer dunkler werdenden Himmel.

»So viele wie Sterne?«, fragt Albertine.

»Und noch mehr«, sage ich und schmiege mich in meinen Liegestuhl.

»Magnifique«, wispert Albertine in ihrer Muttersprache, wie immer, wenn sie aufgewühlt ist.

Sie nuschelt etwas vor sich hin, es ist schon fast ein Singsang: »Sommerhäuschenmitternachtstötungsversehen.«

Was in einem einzigen zusammengesetzten Wort für menschliche Schicksale drinsteckten, wie viel Erzählstoff.

»Kein Wunder«, sagt Albertine, »dass ihr Deutschen noch nie einen Roman von Weltrang zustande gebracht habt, wenn allein schon ein einziges Wort von solch epischer Kraft ist.«

So sei es eben und nicht anders, gebe ich kund, erhebe mein Glas, wir trinken zum fünften Mal an diesem Abend auf die deutsch-französische Freundschaft und alle sprachlichen Finessen, aber nun könnten wir allmählich auch mal das Thema wechseln. Wie es denn ihr, Albertine, mit der Kita-Eingewöhnung des Babys ginge, wie mit Emmanuel Macron und dem epochalen Niedergang der französischen Wirtschaft? Albertine hört gar nicht zu.

»Geht auch Männergenozid«, murmelt sie stoisch vor sich hin. »Geht auch Penisschere?«

Albertine ist Feministin. Radikale Feministin, wie überhaupt alle Französinnen, da kann man gar nichts machen.

»Geht auch Penispyramide?«

Irgendetwas hat sie heute Abend noch vor.

»Geht auch Peniskutsche?«

Ich sage, inhaltlich hätte ich meine Probleme, ihr zu folgen, aber grammatikalisch sei auch hier alles im Lot.

Albertine schließt die Augen. Sie könne sich das alles sehr gut vorstellen.

»Ich sehe es vor mir. Formidable«, vermeldet Albertine.

»Geht auch Mittelmeerheimweh«, lallt es, jetzt schon leiser, neben mir. »Geht auch Liebesverzehrungstod?«

»Es geht auch Abendrotstille«, versuche ich, sie mundtot zu machen, aber ohne Erfolg.

Fünf Meter unter uns läuft ein Mann über den Gehweg.

»Hallo, Nazipopokackekrümel«, grölt Albertine vom Balkon und versteckt sich hinter meinem Liegestuhl. Der Mann geht kopfschüttelnd weiter.

»Oder Nazifeinkost. Haha. Guter Bandname«, sagt Albertine.

»Guter Feinkostladenname in Sachsen«, sage ich.

Albertine erhebt sich, sagt, sie müsse jetzt aber mal zum Klo. Zehn Minuten später kommt sie wieder. Ihr Gesicht ist auf einmal sehr bleich, das sieht man selbst im Dunkeln.

»Geht auch Rieslingteppichkotzfleck«, murmelt sie, ohne mich anzusehen.

»Es geht auch Küchenkreppaufwischungsverpflichtung«, sage ich.

Eine Weile sitzen wir noch so da, dann gehen wir schlafen.

Am nächsten Morgen reden wir über etwas ganz anderes.

Junge deutsche Männer

Am stilvollsten ist die Hamburger Reeperbahn im Winter: Die kalte klare Luft und die stillvergnügten Gesichter zwischen Schals und Mützen, die plüschigen Mäntel der Touristen und die dunklen Multifunktionsjacken der Türsteher, die blinkenden Schriftzüge der Etablissements und, an diesem späten Abend im Januar, sogar ein Rest von Schnee.

Warum sie gerade mich gefragt hat, kann ich nicht sagen. Ich glaube, sie hatte mich schon eine Weile beobachtet, wie ich dort allein an der Bushaltestelle stand. Ich war mit einer Freundin im Kino gewesen und wartete auf den Nachtbus, da tippte sie mir auf die Schulter.

Es war eine ältere, füllige Frau ostasiatischen Aussehens. Sie trug eine schwarze Hose, schwarze Stiefeletten und darüber einen schicken Wollmantel mit Drachenapplikation. Etwas Aufregendes stand ihr bevor, das war zu spüren.

In astreinem Englisch erkundigte sie sich, ob ich den Club *Schuld und Hüne* kenne. Ich sagte, leider nein, von diesem Club hätte ich noch nie etwas gehört. Was es denn dort gäbe?

Sie hob eine gezupfte Augenbraue.

»Junge deutsche Männer.«

Sie sagte, sie seien Geschäftsfrauen aus Singapur und gerade für ein paar Tage beruflich in Deutschland unterwegs.

»Wer?«, fragte ich.

»Wir«, sagte sie.

Im Schatten der Straßenlaterne, zwischen Tabledance-Bar und Hotdog-Stand, standen zwei weitere Frauen ostasiatischen Aussehens, unterm Arm ein Sechserträger Bier, und winkten mir freundlich zu.

Man habe an die Geschäftsreise noch einen Tag drangehängt, rein privat, fuhr meine Gesprächspartnerin fort. Wegen der deutschen Männer.

Deutsche Männer seien ihr Liebstes, bekräftigte sie und rollte die lebensklugen Augen dreimal hin und her.

»Ihre Haut, so samtig und weich wie frisch gepulte Litschis«, sagte sie.

»Ihre Nasen, so wohlgeformt und fest wie tiefgekühlte Litschis. Ihre Pobacken, so kugelrund und kompakt wie ...«

»Eingelegte Litschis?«, versuchte ich, ihr auf die Sprünge zu helfen.

»Oh nein. Wie pralle Kokosnüsse«, sagte sie.

»Ihr Achselgeruch«, fuhr sie munter fort, »so pikant wie ein frischer Teller Miesmuscheln. Ihre Beine, so sehnig und biegsam wie Bambussprossen«, also sehr große, genmanipulierte Bambussprossen, damit der Vergleich nicht hinke.

»Ihre Blicke, so liebeshungrig wie die der Siamkatzen. Ihr Brusthaar, so flauschig und hell wie das Fell der Weißhandgibbons.«

Ich sagte, jetzt würde sie es aber ein bisschen übertreiben.

»Ihre Haut, bissfest und dennoch zart. Wie Jasminreis«, sprach die Aufgekratzte weiter.

»Maniok«, korrigierte eine der anderen beiden, die sich gerade zu uns hinzugesellt hatten. Sie diskutierten eine Weile, ob eher Maniok oder Reis, ehe sie sich, und diesmal einhellig, dem Charakter des deutschen Mannes zuwandten.

»Unterwürfig«, sagte die Erste.

»Treudoof«, jubelte die Zweite.

»Ohne Reststolz«, krähte die Dritte.

Kurz, zu allen Schandtaten bereit, bestätigten alle drei, wenn ich verstünde, was sie meinten.

Ich sagte, dass ich nicht verstünde, was sie meinten. Ich sagte, dass ich überhaupt nicht wisse, um was es hier eigentlich ginge.

»Knick-Knack? Mai-Thai? Yin-Yang?«, versuchte ich, mich in ihre Welt kulturell hineinzufühlen. Oder war das schon rassistisch?

Doch konkreter wollten die Frauen nicht werden. Konkreter wollte nur ihre Gebärdensprache werden. Die zweite schob ihr breites Becken rhythmisch vor und zurück. Das Lachen der drei war so dreckig wie der schneevermatschte Gehweg unter uns.

Sie sagten, mit den deutschen Männern seien sie bereits vertraut. Sie seien bereits im *Josef Hagestolz* in München gewesen, sie seien im *Blauen Ufer* in Frankfurt gewesen und im *Törichten Thor* in Berlin. Nun sei man eben hier.

Ob ich auch einen deutschen Mann hätte, wollten sie wissen und reichten mir ein Flaschenbier. Ich sagte, leider nein, denn ich hatte Angst, dass sie mich nach meiner Adresse ausfragten und morgen früh vor unserer Haustür stünden. Ich sagte, mein Mann käme aus einem anderen Land, dem Emsland.

Die Erste, die mit dem Drachenmantel, kramte ihr Portemonnaie heraus. Acht Hunderteuroscheine quollen mir entgegen.

Ob das wohl reiche, fragte sie.

Ich überlegte, ob ich doch die Adresse meines Mannes herausrücken sollte, und er und ich machen halbe-halbe.

Ich sagte, dass ich mich auf diesem Gebiet nicht so gut auskenne, aber dass ich glaube, dass man bei deutschen Männern mit achthundert Euro schon ein Stück weit kommt.

Drachenmantel zog einen Zwanzigeuroschein aus der Handtasche und hielt ihn mir unter die Nase. Der sei für mich, wenn ich sie, jetzt sofort, ohne Umwege, in die Simon-von-Utrecht-Straße 67d führen könne.

Es war ein Katzensprung, in wenigen Minuten zu erreichen. Zwanzig Euro, das war mehr, als ich an manchen Arbeitstagen verdiente.

»Dreißig Euro«, sagte ich, und dafür würde ich ihnen noch ein Geheimnis über den deutschen Mann verraten. Ich sagte wirklich: der deutsche Mann.

Gut gelaunt schlugen sie ein, hakten mich unter. Gemeinsam stiefelten wir durch den Matsch, dass die Schneesuppe spritzte.

An der Ecke Hein-Hoyer-Straße blieb Drachenmantel auf einmal stehen, räusperte sich. Wie das klänge. Sie hätte sich mithilfe von *Baidu Translate* ein paar deutsche Sätze zusammengebastelt. Sie straffte die Brust, hob das Kinn und sagte: »Guten Abend allerseits. Die Freude ist groß. Wann geht es endlich los?«

Ich nickte. Das sei gar nicht mal so schlecht, vielleicht könne sie aber irgendwo noch ein »bitte schön« einbauen.

Die Dritte fragte, ob man nicht etwas schneller gehen könne. Sie könne nicht mehr lange warten, rief sie in die sternklare Nacht. Ihre Handtasche schwenkte dabei wie eine rasende Schiffsschaukel hin und her.

Und was jetzt das Geheimnis sei, das ich eben versprochen hätte.

Da musste ich erst mal überlegen.

»Deutsche Männer sind ...«, wie würde Google ergänzen?

»Deutsche Männer sind wie Eichhörnchen«, hatte ich mal irgendwo gelesen, wusste aber das Ende nicht mehr, und selbst wenn ich es gewusst hätte, hätte ich vermutlich erst mal erklären müssen, was ein Eichhörnchen überhaupt ist. Gibt es in Singapur Eichhörnchen, grübelte ich, da trafen wir Anfang der Simon-von-Utrecht-Straße auf eine Handvoll Frauen ebenfalls ostasiatischen Aussehens, die auf Englisch fragten, ob wir wüssten, wo der Club *Schuld und Hüne* sei.

»Oh, da seid ihr ganz falsch«, erklärten meine Begleiterinnen und wiesen auf das S-Bahn-Schild in der Ferne. »Einfach 17 Bahnstationen nach Norden.«

»Koreanerinnen«, schnauften die drei, während sich der fremde Fünftertrupp in der Menschenmenge verlor.

Als ich befürchtete, sie würden wieder wegen des Geheimnisses nachhaken, entdeckte ich die Simon-von-Utrecht-Straße Nummer 67a. Wir schritten durch einen Torbogen, betraten einen lichtlosen Hinterhof. Am Ende des Hofes fanden wir eine Tür mit der Hausnummer 67b. Hinter dem Hinterhof befand sich ein weiterer Hinterhof, 67c, noch lichtloser als der erste. Und als ich dachte, hier kommt gar nichts mehr, Schluss, aus, Weltende, stießen wir auf einen dritten Hinterhof, der lichtloseste von allen. Neben einer Tür beleuchtete eine blaue Laterne ein blechernes Schild: *Schuld und Hüne.*

Durch die herabgelassenen Lamellen des Parterrefensters spähten wir hinein.

Von der Decke des Raumes baumelten bunte Glühbirnen. Fußboden, Wände und Zimmerdecke waren mit Flokatiteppich ausgekleidet. An einem Tresen lehnten drei junge, blonde Männer, die das Prädikat »Hüne« nicht zu scheuen brauchten. Sie trugen Stahlhelme, Birkenstocksandalen und dazwischen nichts.

Ich dachte, hoffentlich sind meine Weggefährtinnen nicht zu sehr enttäuscht.

»Genau so hab ich mir das vorgestellt«, wisperte die Erste.

»Ran an die Buletten«, erklärte die Zweite, unerwartet auf Deutsch, und ob sie das nun richtig ausgesprochen hätte.

Ich machte einen Schritt Richtung Eingangstür.

»Tschüss dann«, sagten alle drei und zückten ihr Portemonnaie.

In der halb offenen Clubtür erschien in diesem Augenblick ein weiterer behelmter Hüne in Jack-Wolfskin-Jacke, wohl eine Art Türsteher.

»Getränke mitbringen geht nicht«, sagte er. »Do not bring drinks. Bú dài yǐn liào«, während er auf unsere Bierflaschen zeigte, und da wusste ich, es war wirklich ein echter deutscher Mann.

Ich ging. Eine Weile noch wehte das Kichern der drei Geschäftsfrauen zu mir herüber, während ich, in der einen Hand die letzten zwei Bierflaschen, in der anderen dreißig Euro, die drei Hinterhöfe nach und nach wieder verließ. Und ich fragte mich, ob das jetzt eigentlich Vorhöfe wären, von dieser Laufrichtung aus.

Ein guter Abgang

Der Herbst steht vor der Tür und mit ihm meine Mutter. Ihr leuchtend roter Wollumhang schwirrt über den Flur, breitet sich über mein Sofa.

»Ein herrliches Herbstwetter«, ruft sie aus. Ob ich schon die Balkonpflanzen winterfest gemacht hätte und meine spröde Haut?

Zufrieden schaut sie aus dem Fenster. Oh, sie liebe diese bunten Blätter, das flirrende Licht ... übrigens wolle sie heute über ihre Beerdigung sprechen.

»Mama«, sage ich sanft und reiche ihr einen Kuchenteller. »Ach Mama, bis auf deinen angeborenen Narzissmus bist du doch kerngesund. Du bist nicht mal siebzig. Du siehst blendend aus.«

»Das stimmt«, sagt Mutter und pustet sich eine graue Haarsträhne aus dem Gesicht. Sehr aufrecht sitzt sie zwischen den Sofakissen.

Und dennoch. In der Brigitte Woman habe sie kürzlich etwas gelesen. Die eigene Beisetzung solle man frühzeitig planen. Damit es ganz genau so wird, wie man es sich wünscht. Die Beerdigung sei nichts weniger als der Ausdruck der eigenen Persönlichkeit, des eigenen, sie haucht es fast: Selbstseins.

Mutter kramt ein Notizbuch aus der Handtasche und referiert bereits die Eckpunkte. Eine hübsche, efeuüberrankte

Kapelle solle es sein, irgendwo am Stadtrand. Dazu einer dieser freien Redner. Aber bitte nicht *zu* frei, nicht antichristlich oder betrunken oder so.

Und da käme sie bereits zum Wichtigsten, Elementarsten: der Musik. Wenn der Sarg hinausgetragen werde und sich die ganze, vielköpfige Trauergesellschaft verheult und gebrochen hinterherschleppe, wünsche sie sich ein ganz bestimmtes Lied. Ein Lied, das alle vereine, ein Lied, das die Tränen hervorsprudeln lasse, bei dem sich alle an den Händen fassten, ob sie wollten oder nicht. Sie reckt die Brust, hebt das Kinn und pfeift ganz leise »Wind of Change«.

Meine Kuchengabel gleitet zurück auf den Teller.

»In Panflötenversion«, legt Mutter nach.

Der Teller erzittert in meinen Händen.

»Mama«, sage ich leise. »Das geht nicht.«

»Warum?«, fragt sie und rammt die Zähne in ihr Kuchenstück.

»Weil«, sage ich, »wie soll ich das jetzt sagen ... Ich finde diesen *Scorpions*-Hit ein Tickchen zu pathetisch.«

Das sei mir, als einer der engsten Angehörigen und mutmaßlicher Mitveranstalterin dieser Feierlichkeit, irgendwie unangenehm. Die Trauergäste könnten denken, dass ich das Lied ausgesucht hätte.

»Dann schreiben wir im Programmheft dazu, dass die musikalische Auswahl gegen deinen Willen geschah«, schlägt Mutter vor.

»Dann trägst du halt Ohropax.«

Herrgott, sie möge dieses Lied nun mal. Sie liebe Harmonie. Die peruanischen Panflötenspieler in den Fußgängerzonen brächten sie immer zum Heulen. Sie liebe das Pathos. Ein Mal im Leben. Wann, wenn nicht hier.

Ich seufze. Mutter auch.

Wir beide seien eben verschiedene Wesen, bringt sie die Problematik auf den Punkt. Wir hätten eben verschiedene Geschmäcker. Sie Harmonie, ich Disharmonie, sie Schönheit, ich nicht so Schönheit, wie man bereits an unseren unterschiedlichen Frisuren erkennen könne.

»Mama«, setze ich noch mal an. »Pathos muss man ironisch brechen, auch nach dem Tod.«

Mutter sagt, auf meiner eigenen Beerdigung könne ich gerne brechen, was und so viel ich wolle, und gregorianische Choräle auf Blechdosen und rostigen Kochtöpfen vertonen lassen, ehe man mich in einem schmucklosen Pappkarton versenkte, oder wie wir Kommunisten es so hielten – bei ihr nicht.

»Warum denn nicht einfach eines dieser sakralen Standardkirchenlieder«, liege ich ihr in den Ohren. Die seien jahrhundertelang erprobt. Sie sei doch ein bisschen restreligiös, da gäbe es Spitzensongs. »Wir sind nur Gast auf Erden« oder, ich trällere die ersten Takte, Bruchstücke aus meinem Konfirmationsunterricht, »Maria, breit den Mantel aus« ...

»›Wind of Change‹ auf Panflöte, oder ich sterbe gar nicht«, sagt Mutter und verschränkt die Arme. »Und übrigens: Den Sarg tragen natürlich sechs breitschultrige Sargträger. Weißer Anzug, rote Krawatte, im Knopfloch eine rote Rose.«

Ich sacke in mich zusammen. Wo sie die Sargträger denn alle hernehmen wolle, frage ich. Von mir jedenfalls nicht. Nie, niemals bekäme sie meinen Mann dazu, einen weißen Anzug zu tragen.

»Er hat schon zugesagt«, sagt Mutter trocken. Sie habe ihn schon angerufen. Er habe ihr auch bereits »Wind of Change« besorgt, in Panflötenversion.

Ich lasse mich vom Sofa gleiten, falle vor ihr auf die Knie.

»Mama«, rufe ich, nun doch mit Pathos. »Gib mir Mitspracherecht. Es ist auch mein Fest. Es ist auch mein Statement. Ich muss auch meine Persönlichkeit repräsentieren. Ich möchte noch Jahrzehnte leben, von meinen Mitmenschen geachtet.«

Sie solle sich, meine Stimme nimmt jetzt ein zärtlicheres Timbre an, mal mit der Planung nicht so sehr belasten. Sie solle ihre letzten drei bis dreißig Jahre unbeschwert genießen.

Ich ergreife ihre Hände: »Mama, ich mache das schon. Du kannst mir vertrauen.«

Wenn sie mir in dieser Sache vertraute, grummelt sie und zieht ihre Hände zurück, gäbe es am Ende widerlichen, trockenen Vollkornkuchen wie diesen, ihr Sarg sei gezimmert aus recycelten Holzpaletten und ihr Leichenkleid von Humana. Und statt Blumen gäbe es Geldspenden. Sie aber wolle richtige Blumen. Richtig schöne, langstielige, überzüchtete, genmanipulierte, glyphosatgetränkte, gottverdammte Zuchtblumen aus holländischen Gewächshäusern. Sie wolle monumentale Blumengestecke bis hoch zum Jesulein an der Kapellenkuppel. Sie wolle Ausschweifung. Sie wolle von allem zu viel! Sie wolle – ein elegischer Blick durchs Wohnzimmerfenster, das kann sie gut – auch ein bisschen Spaß haben. Ein Mal, ein einziges Mal. Sie, sagt sie mit erstickter Stimme, sei nun mal ein Kind des Kriegs.

»Mama, du bist 1952 geboren«, sage ich.

»Okay, des Kalten Kriegs«, räumt sie ein. Ihre Stimme klingt nicht mehr ganz so erstickt, ein triumphales Lächeln befällt ihre Lippen: »Und für die Kinder des Kalten Kriegs, des geteilten Deutschlands, ist ›Wind of Change‹ nun mal die Schlüsselhymne!«

»Scheiße noch eins«, brumme ich. »Na gut.«

»Fein«, sagt Mutter. Außerdem wünsche sie sich als Eingangslied »Über den Wolken« von Reinhard Mey.

»Mama«, rufe ich und schlage mit der Faust auf den Wohnzimmertisch. »Dann bin ich raus!«

»Pech für dich«, sagt meine Mutter. »Dann verpasst du den ganzen schönen Leichenschmaus, bestehend aus einer vierstöckigen Sahnetorte mit schwarzen Marzipanröschen, um die goldene Engelchen schwirren. Verstehst du denn nicht? Es geht um mich, um meine Persönlichkeit. Es ist *mein* Fest, verdammt noch mal!«

Ihre Kuchengabel schreddert den Kuchen.

»Diese ganze Selbstoptimierungskacke, selbst nach dem Tod«, ereifere ich mich. »Das ist doch neoliberaler Mist! Mama«, ziehe ich ein letztes argumentatives Ass aus dem Ärmel: »Begreif doch mal, du bist dann nicht mehr da. Du kriegst das alles nicht mehr mit. Deine Persönlichkeit ist dann tot. Futschikato. Niente!«

»Du bist enterbt!«, krakeelt meine Mutter.

»Ooh, schade«, ächze ich und reibe mir die schmerzende Faust. »Dann bekomme ich leider keine kistenweisen Korallenklunker aus illegal abgetragenen Korallen.«

Aber eigentlich denke ich etwas anderes. Eigentlich weiß ich, dass ich zu weit gegangen bin.

»Sorry«, murmle ich. »Sorry.«

»Das heißt Entschuldigung«, sagt Mutter. Dann kullert ihre erste Träne. Und dann meine. Wir liegen uns in den Armen.

Ihre Hand auf meinem Haar.

»Ich habe dich lieb, mein Kätzchen«, schluchzt Mutter.

»Ich dich auch, Mama«, schniefe ich.

Der Kuchen schmeckt wirklich etwas trocken. Wir lassen Tränen darauf tropfen. Jetzt schmeckt er etwas saftiger.

»Du wirst nicht sterben«, versichere ich.

Natürlich werde sie nicht sterben, sagt meine Mutter und streicht sich den Saum ihres Wollumhangs glatt, so fantastisch, wie sie aussähe. Es sei ja nur für den Fall. Brigitte Woman habe einfach immer gute Tipps, da komme man nicht drum herum. Verflucht, sie habe mich sehr lieb. Und sie werde, sie streichelt mir über die Wange, auf jeden Fall, komme was wolle, natürlich zu *meiner* Beerdigung kommen.

»Echt jetzt?«, frage ich gerührt.

»Echt jetzt«, sagt Mutter feierlich. So wie es aussähe, beziehungsweise ich, würde ich nämlich vor ihr verscheiden. Dieses labberige Tofufutter, dieses lichtlose Schreibzimmer, die verkrüppelte Wirbelsäule ... Sie werde sich dann liebevoll um alles kümmern. Sie öffnet ihr Notizbuch. Im Sarg könne ich meine alte Konfirmationsbluse tragen. Und sie habe auch schon eine Musikidee. Ein Lied, das wunderbar zu mir passe. Ein Lied, das meine ganze Persönlichkeit optimal ausdrücke. »My heart will go on« von Céline Dion.

»Mach einfach, Mama«, sage ich matt und schmiege meinen Kopf an ihre Schulter. »Du hast mich geboren, du darfst mich vernichten. Wer, wenn nicht du.«

»Ach, nicht doch«, winkt sie lächelnd ab, aber ein bisschen geschmeichelt wirkt sie doch.

So wird das Matriarchat

Im Matriarchat ist das Leben so prächtig wie eine antike Gartenanlage. Es gibt keinen Tod und keine Traurigkeit, keine Klage und keine Quälerei. Auf allen Wiesen wachsen Feigen und Südfrüchte, und ein süßer Honig fließt wie Wasser von einem tiefen Tal auf einen hohen Berg.

Und die Nüsse in den Schokoladentafeln sind immer ganz und riesengroß. Und wenn man bei einem Mobilfunkanbieter anruft, wird man nicht an ein Subunternehmen weitergeleitet, und wenn man bei dem Subunternehmen endlich jemanden in der Leitung hat, wird man nicht zum Mobilfunkanbieter zurückgestellt. Und die Menschen lesen einander in der S-Bahn nie mehr laut ihre Chatverläufe vor.

Im Matriarchat gibt es keine Funklöcher, keine kaputten Drucker und keine Fahrkartenautomaten der Deutschen Bahn, die keine Zwanzigeuroscheine annehmen. Es gibt keine Fahrkartenautomaten, es gibt keine Deutsche Bahn, es gibt keine Zwanzigeuroscheine, nur Zweitausendeuroscheine, nur Zwanzigtausendeuroscheine.

Und alle Frauen tanzen fröhlich durch die Straßen, und ganz vorne tanzt am fröhlichsten Andrea Nahles. Mein Gott, tanzt sie fröhlich, man mag gar nicht hinsehen. Sie tanzen und marschieren durch die Rosa-Luxemburg-Straße, die Astrid-Lindgren-Allee, die Marie-Curie-Chaussee, hinein in die Steffi-Graf-Twiete.

Die Jungfrau Maria kommt zurück. Jeanne d'Arc kommt zurück. Annegret Kramp-Karrenbauer kommt nicht zurück, das wäre mir nicht so recht.

Und noch mehr Honig fließt auf einen hohen Berg.

Die Männer schlurfen durch die Straßen und sagen Sachen wie: »Fußball-WM meint nicht automatisch Frauen-Fußball-WM, das muss man immer mitsagen«, oder: »Meine Freundin ist so lieb! Nach ihrem Orgasmus wartet sie immer auf meinen.«

Das ist ein geklauter Spruch aus einem Comic von Liv Strömquist, aber das macht nichts. Im Matriarchat gibt es kein Urheberrecht. Kein Eigentumsrecht, kein Beamtenrecht und keine Paragrafen 219, 218, 217 bis null.

Die Geschichte der Aktmalerei wird eine andere. Die Geschichte der Rockmusik wird eine andere. Die Geschichte der Kirchenglasfenstermalerei nicht, ich glaube, die ist immer gleich.

Und noch mehr Honig fließt auf einen hohen Berg.

Und in den Chefetagen sitzen viele hoch qualifizierte Frauen. Und viele unqualifizierte, das ist wichtig, ja besonders viele von den unqualifizierten, historische Gerechtigkeit muss sein. Die dümmsten und bräsigsten, so bräsig, dass ihre Augen vor Bräsigkeit hervorglubschen. Erst wenn auch haufenweise unqualifizierte Frauen Führungspositionen besetzen, ist die Gleichberechtigung vollauf erreicht.

Enten

Ich stehe vor der Tür dieses kleinen, verwunschenen Rotklinkerhauses, umringt von welken Rhododendronbüschen und dreizehn Enten aus Ton.

»Hinnerksen« steht auf dem Schild. Ich drücke auf die Klingel.

»Guten Tag«, sage ich zu der Frau, die kurz darauf im Türrahmen steht. Sie hat einen riesigen Busen, orange-graue Locken und einen finsteren Blick, der zu den weiteren freundlich guckenden Enten, die im Hausflur verstreut sind, in spannungsvollem Kontrast steht.

»Moin sach ich erst, wenn ich weiß, wer Sie sind«, sagt die Frau, die dann wohl Frau Hinnerksen ist.

Ich setze mein nachbarschaftlichstes Lächeln auf.

»Mein Name ist Ella Carina Werner«, sage ich. »Ich wollte nur mal Hallo sagen. Ich wohne jetzt hier.«

»Wo? Hier?«, fragt die Frau.

Mein Zeigefinger gleitet durch die Luft.

»Sie sehen da diese neuen Mehrfamilienhäuser?«

»Diese neumodischen Dinger da, zwischen dem See und unserm Haus, die uns die Abendsonne wegnehmen? Deren Bau den ganzen Tach Radau gemacht hat? Die hässlichen?«

Ihre Augen sind jetzt so verschattet wie ihr hübscher Garten.

»Genau. Da wohne ich seit ein paar Wochen. Wir sind frisch zugezogen aus Altona.«

»Schiete, das hab ich gleich gerochen«, sagt Frau Hinnerksen. »Wie das schon an der Tür gebimmelt hat. So bimmeln nur die von da.«

Ich nicke zustimmend. Jetzt muss ich etwas sagen. Jetzt gilt es, das Gespräch voranzubringen, irgendwie.

»Sie sammeln Enten?«, frage ich.

»Nee, Auerochsen«, brummt Frau Hinnerksen und verdreht die Augen.

Die Unterhaltung gerät nicht recht in Schwung. Ich betrachte den grünköpfigen Keramikerpel auf dem Schuhschrank, aber auch der weiß nicht weiter.

»Hübsch haben Sie es hier«, sage ich. »Die vielen Enten, der Garten ...«

»Der war mal sonniger.«

Eine quälende Stille breitet sich zwischen uns aus. Ich kann dem Blick der Alten nicht standhalten, schaue auf die Fußmatte. Auch dort eine Ente. Überall lustige Schnäbel und seelenvolle Blicke, nur nicht in Frau Hinnerksens Gesicht.

»Liebe Frau Hinnerksen«, sage ich und lege meine Fingerspitzen sorgfältig gegeneinander, Kuppe auf Kuppe. »Falls Sie sich ärgern, dass Sie nun weniger Sonne in Ihrem Garten haben und keine Aussicht mehr auf den See, möchte ich Ihnen sagen: Es tut mir aufrichtig leid.«

»Denn is ja gut«, sagt Frau Hinnerksen.

»Wirklich?«, frage ich.

»Nö«, sagt Frau Hinnerksen.

»Ehrlich«, sage ich. »Ich möchte nicht, dass Sie schlecht von mir denken. Die Wohnung stand nun mal zum Verkauf. Wissen Sie«, fahre ich fort, »das ist nun mal der Lauf der Dinge. Da wird man leider mitgerissen, da ist man auch nur ein winziges Teilchen im großen, alles umschlingenden«, ich breite beide Arme aus, »Prozess der Gentrifizierung.«

»Wat?«, fragt Frau Hinnerksen.

»Der übliche Verdrängungsprozess«, sage ich. »Der Ablauf ist ja dabei immer derselbe. Es gibt ein Stadtviertel, so wie dieses: gut gelegen, hübsch, aber stellenweise ein wenig heruntergekommen.«

»Heruntergekommen?«, wiederholt Frau Hinnerksen gedehnt.

»Ich meine das gar nicht persönlich«, sage ich, »mehr so allgemein. Und weil das Viertel so schön und gut gelegen ist, ziehen weitere Leute hinzu. Studenten, Künstler und irgendwann die ganzen gut verdienenden, gut ausgebildeten ...«

»... nervigen Sabbeltaschen wie Sie.«

»Nervigen Sabbeltaschen wie ich«, nicke ich. »Kurz, das ganze Viertel wird teurer, schicker. Biobäckereien sprießen aus dem Boden, und wenn die erste Zumba-Schule für Vorschulkinder da ist, weiß man: Es gibt kein Zurück. Ein Teufelskreis. Teurer, schicker, teurer, schicker, und irgendwann wird Ihr Haus abgerissen.«

»Mein Haus?« Frau Hinnerksens rechte Hand umklammert jetzt den Schirmständer. Ihre eben noch so gleichmütige Miene gerät gehörig ins Wanken.

»Das dauert«, winke ich ab. »Und ist auch wiederum mehr so allgemein gesprochen. Kurz, ich im Einzelnen, ich ganz persönlich kann gar nichts dafür. Hätten wir die Wohnung nicht gekauft, hätte es jemand anderes getan.«

Frau Hinnerksen murmelt, jemand anderes wäre vielleicht gar nicht so verkehrt gewesen.

»Ich bin übrigens gar nicht gut verdienend«, füge ich an, »nur mein Mann. Verstehen Sie doch, ich bin keine von den

Bösen. Ich wähle eine traditionsreiche Arbeiterpartei. Ich bin auf Demos gewesen. Ich habe gegen den Mietenwahnsinn meine Stimme erhoben, also einmal auf den Anrufbeantworter eines Vermieters gequatscht. Wir wurden gewissermaßen selber verdrängt. Aus Altona.«

Ich wische mir eine Träne aus den Augenwinkeln.

»Wir, Sie und ich, stehen letztlich auf derselben Seite, ich nur etwas näher am See.«

Frau Hinnerksens Blick bleibt hart. Selbst die Enten schauen mich jetzt finster an.

»Das hat doch auch sein Gutes, wenn neue Leute herziehen«, lasse ich nicht locker. »Ein neuer, spannender Bevölkerungsmix ist in Wilhelmsburg gerade am Entstehen.«

»Gerdi, wer is denn da?«, poltert unerwartet eine Männerstimme aus der lichtlosen Tiefe des Flurs.

»Eine aus dem Bevölkerungsmix«, ruft Frau Hinnerksen zurück.

»Wat?«, gellt es aus dem Off.

»Eine Verdrängerin«, präzisiert Frau Hinnerksen.

»Hä?«

»Die, wegen der bei uns im Garten keine Sonne mehr is. Die, wegen der du mit dem Gehwägelchen zum See jetzt zwanzig statt fünf Minuten brauchst!«

»Und wat schnackt se?«, ruft die Stimme.

»Unser Haus wird bald abgerissen.«

»Ich komm da gleich mal hin!«, poltert die Stimme.

»Nu is mal gut«, winkt Frau Hinnerksen ab und zwinkert mir zu, aber nur kurz, dann guckt sie wieder grimmig.

Das Gespräch muss jetzt mal einen Dreh kriegen, eine unerwartete Wendung, ein versöhnliches Ende, eine Umarmung, wenigstens für diesen Text. Wenn diese starrköpfige

Alte mir doch endlich das Du anböte oder einen Quittenschnaps.

»War's das?«, fragt Frau Hinnerksen.

»Wie wäre es«, werfe ich noch einmal alle Herzlichkeit in die Waagschale, »wir stellen einfach mal was zusammen auf die Beine. Eine Nachbarschaftsaktion, ein Straßenfest, einen Flohmarkt?«

»Das Einzige, wat ich gleich auf die Beine stelle«, sagt Frau Hinnerksen, »is mein tatteriger Gatte.«

»Oder kommen Sie doch mal bei uns vorbei«, sage ich, »auf einen Kaffee. Dann können Sie bei mir aus dem Fenster sehen. Auf den See.«

Dann fällt mir etwas ein. Etwas, das die Stimmung vielleicht doch noch herumreißt. Ich krame in meinem Stoffbeutel.

»Das hätte ich fast vergessen: Ich habe Ihnen etwas mitgebracht!«

»'Nen Hunni aus der prall gefüllten Geldbörse Ihres Mannes?«, erkundigt sich Frau Hinnerksen, jetzt doch mal interessiert.

Ich überreiche mein kleines Präsent. Sie reißt das Geschenkpapier ab. Dann liegen wir uns in den Armen, aber nur in meiner Fantasie.

Frau Hinnerksen starrt das Mitbringsel an.

»Schietdreck, das is ja ekelich! Was is denn das?«

»Eine Graugans«, sage ich. »Ich sah die vielen Enten in Ihrem Vorgarten und dachte, ein bisschen Kontrast wäre nett. Stichwort Bevölkerungsmix«, zwinkere ich.

Frau Hinnerksens Augen wirken jetzt sehr finster. So finster wie der finsterste Nordbalkon, so finster wie das schattigste Kellerloch in Harburg. Doch dann blitzt in ihnen plötzlich etwas auf.

»Warten Sie, da hab ich auch noch was für Sie«, lächelt sie verschmitzt. »Zum Einzug.«

Sie öffnet eine Abstellkammer und hievt einen stattlichen Deko-Buddha aus Terrakotta heraus.

»War'n Geschenk«, sagt Frau Hinnerksen. »Uns war er zu exotisch, aber zu so 'ner weltgewandten Frau wie Ihnen passt er doch perfekt!«

»Oh, danke«, sage ich, erschrocken, aber auch ein bisschen froh. Jetzt gibt es doch noch ein versöhnliches Ende. Das achtzig Zentimeter hohe Monstrum schleppe ich bis nach Hause. Seitdem dekoriert es unseren Keller.

Gedankenspiel

Wer am Steuer sitzt, darf keinen Alkohol trinken, außer im Tretboot. Da muss man es, da ist es oberste Bürgerpflicht, da kommt man nicht drum herum, insbesondere wenn das Tretboot den Körperbau eines Schwanes aufweist wie am Bootsanleger in Hamburg.

Sommerzeit, Freundinnenzeit. Wir schippern im Tretboot über einen Seitenarm der Elbe. Ich am Steuer, Lisa neben mir, Kirsten in meinem Nacken. Die Stimmung ist so ungetrübt wie der blitzblaue Himmel.

»Jetzt stellt euch mal vor«, sagt Lisa, die Flasche Erdbeersekt fest im Griff: »Wir fahren mit dem Tretboot weiter, immer weiter. Die Elbe hinauf, und ehe wir uns versehen, sind wir auf der Nordsee. Von dort ist es nicht mehr weit zum offenen Atlantik. Aus drei Stunden werden drei Tage. Kein Kontinent in Sicht. Plötzlich ein Sturm. Das Boot kentert. Wir stranden auf einer Insel. Einer wenige Quadratmeter großen, einsamen Insel – nichts da als ein Einweggrill und ein paar Feuersteine.« Ihre Stimme senkt sich. »Wir haben Hunger. Es wird Nacht. Es wird Tag. Und wieder Nacht. Und Tag. Wir haben immer noch Hunger. Der Hunger wird stärker. Wir sitzen da, nur wir drei. Betrachten einander. Der Hunger wird unerträglich. Es hilft alles nichts.«

Lisa schaut gespannt in die Runde. Dann fragt sie: »Was würdet ihr tun?«

»Puh, gute Frage«, sagt Kirsten und kratzt sich am Kopf. »Wir fangen Fische und grillen sie?«

Lisa schüttelt den Kopf. Das habe sie vergessen zu erwähnen. Es sei das Jahr 2025, die Meere seien komplett leergefischt.

»Wir ernähren uns uns von der bestehenden Vegetation«, schlage ich vor.

»Da ist keine Vegetation«, sagt Lisa.

»Wir meditieren gegen den Hunger«, meldet sich Kirsten. Das ginge, davon habe sie gehört.

»Wir essen die Seitenteile des Tretboots, mit Ketchup schmeckt alles«, schlage ich vor.

»Da ist kein Ketchup«, sagt Lisa.

»Wieso fragst du eigentlich?«, frage ich.

»Nur für den Fall«, sagt Lisa.

»Welchen Fall?«, frage ich.

Herrgott, stöhnt Lisa, wenn ich weiterhin so zögerlich sei, könne ich in Extremsituationen niemals überleben. In der Zeit, in der ich hier herumeierte, hätte sie mich schon dreimal gepackt, auf den Grill geschnallt und gut durchgebraten, Garstufe Well done.

»Du willst mich essen?«, rufe ich und höre auf zu treten.

»Was denkst denn du?«, sagt Lisa. »Eine muss dran glauben, damit zwei überleben. Das nennt man ein moralisches Dilemma.«

Lisa schaut von einer zur anderen: »Spannend, nicht?«

Ob wir nicht wieder über belanglose Dinge reden könnten, mault Kirsten von hinten. Zum Beispiel über Lisas Jobprojekte. »Oder Ella, erzähl doch noch mal von deiner neuesten Schreibblockade.«

»Wenn ihr müsstet«, Lisa lässt nicht locker. »Wenn es um

Leben und Tod geht. Och, kommt«, bettelt Lisa. »Es ist nur ein Gedankenspiel.«

»Ich weiß nicht«, sage ich und winde mich auf meinem Kunststoffsitz hin und her. »Ich habe euch beide gern.«

Sie habe uns auch beide gern, verdreht Lisa die grünen Augen, es ginge hier jedoch weniger um Sympathiefragen. Es sei auch eine ethische Frage, eine Frage, wer von uns, sozial gesehen, am ehesten entbehrlich sei. Es sei nicht weniger als eine Frage von gesamtgesellschaftlicher Wucht.

»Ach so«, sage ich. »Na dann«, sage ich und schaue zu Lisa. »Dann dich.«

»Was, mich?« Lisas Stimme klingt auf einmal etwas schrill. Lisa sagt, das ginge nicht. Sie habe einen anspruchsvollen Vollzeitjob. Wer sonst solle in ihrer PR-Agentur die wichtigen Projekte pitchen?

»Ich bin wertvoll«, ruft Lisa. »Ich bin Steuerklasse 1. Der Staat braucht mich. Warum nicht sie?«

Lisa zeigt nach hinten, auf Kirsten.

»Das war ja klar«, brummt diese und verschränkt die braun gebrannten Arme vor der weiß beblusten Brust. Aber da müsse sie leider ein Veto einlegen: »Ich werde gebraucht. Ich habe die meisten Kinder.«

»Ja eben«, sagt Lisa. Kirsten habe bereits vier Kinder geboren, sei genetisch gewissermaßen ausgemolken, komplett durch, nichts als eine leblose Hülle.

»Komm, Kirsten«, sagt Lisa. »Gib nach, stell deine Bedürfnisse noch ein weiteres Mal zurück. Das kannst du doch so gut.«

Und von gesellschaftlichem Nutzen sei sie auch kaum, so schwach, wie sie da hinten in die Pedale trete. Von beruflichem ganz zu schweigen.

»Ich bin Beamtin«, bellt Kirsten.

»Das meine ich ja«, stichelt Lisa.

Hitzige, existenzbedrohende Blicke schießen zwischen beiden hin und her.

Ich schaue mich um. Wenn wir so weiterschippern, ist die Elbe bald so uferlos wie dieses vertrackte Gespräch.

»Aber, aber, meine Damen«, versuche ich am Steuerrad, die angespannte Situation zu entschärfen, und unterbreite einen Vorschlag von salomonischer Kraft: »Wir könnten von jedem ein Drittel essen, dann ist es gerecht.«

Lisa seufzt, mit meinen sozialistischen Ansichten kämen wir hier nicht weiter.

»Dann«, sage ich feierlich und recke beide Arme gen Himmel, »dann lasst uns alle drei zugrunde gehen. Lieber Hand in Hand verhungern als in Sünde weiterleben.«

»Nun ja«, sagt Lisa und kratzt sich am Kopf. Das sehe sie ein wenig anders.

»Dito«, hüstelt Kirsten. Sooo selbstlos sei sie dann doch nicht.

Beide sehen mich an.

»Dann Ella«, sagen beide im Chor.

»Moment«, sage ich. »So nicht«, sage ich. »Ihr kriegt mich eh nicht«, argumentiere ich. »Ich war im Schulsprint von uns die Schnellste auf hundert Metern.«

»Da sind keine hundert Meter«, sagt Lisa.

»Ich habe einen Kletterschein«, fällt mir ein. »Ich erklimme jede Palme.«

»Da ist keine Palme.«

So langsam wird mir mulmig. Aber einen Trumpf habe ich noch. Einen ultimativen Survivaltrumpf.

»Hört mal her«, rufe ich und raffe mein Strandkleid bis

hoch zum Hals. »Ich habe die meisten Körperhaare, bin bepelzt vom Nabel bis zu den Zehen. Bis das alles gerupft ist, seid ihr verhungert.«

Unbeeindruckt gucken die beiden mich an.

»Ich habe Hämorrhoiden«, gelle ich, so laut, dass sich das Paar im Nachbartretboot umdreht.

»Mehr so seelische Hämorrhoiden«, präzisiere ich.

Die Aasfresserinnen zucken kalt lächelnd die Schultern.

Ich sehe schon im Geiste meine Unterschenkelknochen geflochten in ihren Haaren.

Lisas Worte gehen mir durch den Kopf. Es ginge in dieser Angelegenheit auch um gesellschaftlichen Nutzen.

Ich komme ins Grübeln. Einerseits schreibe ich die herrlichsten Geschichten. Andererseits nicht. Es ist ja nur ein Gedankenspiel. Und ist deren Wahl auf mich nicht eigentlich ein verstecktes Kompliment?

Ich bin die Auserwählte!

»Na gut«, sage ich und lasse mich erschöpft in meinen Sitz zurücksinken.

»Na gut?«, fragt Kirsten zurück.

»Ja, nehmt mich, ist schon okay«, sage ich und fühle mich mit einem Mal ein bisschen generös.

»Schon okay?«, fragt Lisa.

»Ja, macht«, sage ich. »Ich freue mich, wenn ihr euch freut. Man muss auch gönnen können. Aber bitte ohne Barbecue-Soße.«

Kirsten sieht mich mitleidig an.

»Oh Mann, Ella«, sagt Lisa. »Das war ja klar.«

»Wie jetzt?«, sage ich. »Was jetzt?«, sage ich. »Ich dachte, ihr freut euch?«

Lisa legt eine Hand auf meine Schulter. Ich dürfe nicht

immer so schnell aufgeben. Ich müsse argumentativ mitfighten, bis aufs Blut.

»Ich dachte, es ist nur ein Gedankenspiel«, sage ich.

»Ein Gedankenspiel von weitreichender charakterlicher Aussagekraft«, sagt Lisa und wuschelt mir durchs Haar.

Auch Kirsten klopft mir auf die Schulter und sagt, sie fände es schon lieb von mir. Das sei wahre Freundschaft. Und zur allgemeinen Versöhnung schlage sie vor, es könne auf der Insel noch ein weiteres Boot stranden.

»Das da«, sagt sie und zeigt auf das nahe Tretboot mit dem mittelalten Paar. Eine dürre, früh Ergraute im geblümten Tanktop und ein Stämmiger mit Sonnenhut. Beide winken uns zu.

»Na gut«, sagt Lisa. »Warum nicht?«

Kirsten und ich könnten uns die Frau teilen, sie nehme den kleinen Dicken. Bei Frauen sei sie ohnehin etwas befangen. Und darüber hinaus: Wenn sie genauer hinschaue, im Fasergewebe der Frau befänden sich vermutlich Rückstände von Antidepressiva, so irre, wie die herüberlächele, fachsimpelt Lisa und winkt den beiden zurück.

Die zweite Flasche Erdbeersekt neigt sich dem Ende.

Danach spielen wir »Was fändet ihr schlimmer?«.

Was fändet ihr schlimmer, von einem Felsen zu fallen oder einen Felsen hochzuklettern?

Nie sterben oder nie geboren sein?

Für immer querschnittsgelähmt sein oder ein Mal, ein einziges Mal FDP wählen?

»Auch ein gutes moralisches Dilemma«, sagt Kirsten, während sie die dritte Flasche entschraubt.

Zack bumm

»Wenn du mich fragst«, sagt Onkel Bernhard und schiebt sich die Stoffserviette über den Kragen seines Seidenhemdes, so wie es Männer über siebzig gerne tun.

Wir sitzen zu zweit im Fischrestaurant, Portugiesenviertel.

»Also wenn du mich fragst«, wiederholt Onkel Bernhard: »Ja, soll ich dir sagen, was ich davon halte? Von dieser ganzen Wut, dieser ganzen MeToo-Kiste, diesem heillosen Spott auf alte weiße Männer?«

Mein Onkel ergreift das Fischmesser. Dann sprudelt es aus ihm heraus. »Herrlich! Also ich finde das herrlich. Immer nur feste drauf«, verkündet er und bohrt sein Messer entschlossen in den Heilbutt. »Wir Männer haben es verdient!«

Onkel Bernhard beugt sich zu mir vor: »Jetzt haut ihr Frauen auf den Putz. Die Welt muss sich ändern.«

Die Spitze seines Messers weist geradewegs auf mich.

»Du musst da mitmachen«, sagt mein Onkel. »Da machst du mit, ja?«

»Ja, Onkel Bernhard«, sage ich und stochere lustlos in meinen Garnelen.

»Wusste ich's doch«, freut sich mein Onkel, lehnt sich zurück und tupft sich mit der Stoffserviette über die Lippen.

»Jetzt seid ihr am Ruder. Immer feste drauf! So wie wir damals '68 in den Straßenschlachten. Zack bumm!«

»Zack bumm«, wiederhole ich.

»Übrigens, mein Mädchen«, sagt mein Onkel, »siehst du heute wieder blendend aus.«

»Danke«, sage ich.

»Ha, das war ein Test!«, ruft Onkel Bernhard, so laut, dass die beiden älteren Damen am Nebentisch zusammenzucken. »Lass dir so einen chauvinistischen Schmarren nie mehr sagen, hörst du? Lass dich nie mehr zum Objekt machen. *Du* bist die Heldin deiner Geschichte. *Du* bist die Chefin deiner Ich-AG. Lass dich nie mehr unterjochen von«, mein Onkel ringt die Fäuste gen Decke, würgt das Wort heraus: »MÄNNERN!«

»Onkel Bernhard«, sage ich.

»Ja?«

»Ich habe eigentlich gar nichts gegen Männer«, sage ich.

»Nichts gegen Männer?«, staunt mein Onkel, rauft sich das schüttere Haar. »Wie kannst du nichts gegen Männer haben!«, schnaubt er durch den Speiseraum. »Du musst sie hassen. Du musst sie verachten. Du musst sie übertrumpfen, jeden Tag. Du musst dir kleine Voodoo-Puppen basteln und ihre kleinen Voodoo-Schwänze verknoten. Du musst Totengebete gegen sie ausstoßen, ihre Brunnen vergiften, heimtückischen Schadenszauber aussenden, das könnt ihr Weiber doch so gut. Du musst ihnen Telefonstreiche spielen oder hundert Särge ins Haus bestellen, extra übergroße Särge, für sie und ihre ach so übergroßen Schwänze!«

Die Damen am Nebentisch lassen die Suppenlöffel sinken, hören aufmerksam zu.

»Sieh mich an«, ruft Onkel Bernhard. »Ich sitze hier vor dir. Weiß, mittelalt, unfassbar erfolgreich – ich sage nur: eigene Augenarztpraxis –, ich fasse auf andererleuts Augäpfel, und es macht mir Spaß. Ich habe eine jüngere Geliebte. Ich schlage meine Ehefrau, aber nur in Gedanken, und bin voll reflektierter Selbstironie, also widerlicher geht's nicht. Ich bin die Persona non grata, die Unperson, ein niederträchtiger Aufschneider, ein Schwadroneur vor dem Herrn, der Held vom Erdbeerfeld, Graf Rotz von der Backe und ein wandelndes Synonymlexikon des letzten Jahrhunderts noch dazu. Wen willst du hassen, wenn nicht mich?«

»Du hast wirklich eine Geliebte?«, frage ich.

»Pscht, nicht jetzt«, Onkel Bernhard hebt einen Zeigefinger. »Jetzt kommt doch die Conclusio, darauf läuft alles zu.«

Er breitet seine Arme aus und ruft, dass es noch von dem Lissabonner Deckengemälde widerhallt: »Sieh mich an! Was denkst du? Magst – du – mich?« Seine geweiteten Pupillen irrlichtern hin und her.

»Eher nicht«, sage ich.

»Siehst du? Hab ich's doch gesagt, hab ich's nicht gesagt?«

»Aber nur dich ganz persönlich, nicht alle Männer«, sage ich.

»Wen verabscheust du nicht?«, empört sich Onkel Bernhard. »Sag mir einen, den nicht! Du weißt keinen.«

»Doch.«

»Oh nein.«

»Claus Kleber«, sage ich.

»Claus Kleber?«, speit Onkel Bernhard aus. »Den Waschlappen? Den Besserwisser? Den Rainer Brüderle des Nachrichtenwesens? Don Geilo? Das ist der Schlimmste von allen!«

Das Fischmesser meines Onkels fuchtelt durch die Luft.

»Er macht Fernsehen. Er sieht im Profil aus wie Prinz Andrew. Er schreibt Grundschülerinnen dreckige Briefe, so wie der immer guckt, der alte Schlaubi Schlumpf, der süffisante Welterklärer. Er hat ein schiefes Gesicht, ist korrupt, machtversessen und grinst noch öliger als ich. Der soll kein Widerling sein? Nein, Ella«, mein Onkel schüttelt den Kopf, »unsere Zeit ist vorbei. Sie war groß, aber sie ist vorbei. Wir Männer haben fremde Kontinente versklavt. Na gut, auch wieder befreit. Wir haben Weltkriege verloren. Na gut, auch gewonnen.«

Mein Onkel lässt das Fischmesser wie in Zeitlupe sinken.

»Das Zeitalter von Dschingis Khan, Beethoven und mir ist abgelaufen. War eine dolle Zeit, keine Frage. Fortbildungen in der Toskana, Affären in München. Aber jetzt ... Das Patriarchat ist abgemolken, futsch, aus, niente. War schön, die letzten hunderttausend Jahre, sehr schön sogar, wenn ich noch mal darüber nachdenke, aber nun ist auch mal gut.«

Onkel Bernhard senkt das Haupt.

»Von nun an gilt es, ein wenig herunterzufahren. Kurzurlaub an der Nordsee, Fortbildungen in Sachsen-Anhalt. Und nie mehr jüngere Frauen anlachen, auch wenn ich es könnte. Von nun an, Ella, sind wir Männer nur noch Randgestalten. Schatten unserer früheren Egos. Zaungäste des dritten Jahrtausends ...«

Onkel Bernhard sackt über seinem Teller zusammen, schließt die Augen. Soße rinnt sein Kinn herab.

Ich lege meine Hand auf seine Schulter.

»Du wirst dich in deine neue Rolle schon hineinfinden«, sage ich.

Sein linkes Auge öffnet sich einen Spalt. Natürlich werde er sich da supergut reinfinden, nickt mein Onkel. Wer, wenn nicht er.

»Und was da die letzten Jahrtausende so alles gelaufen ist«, räume ich ein, »das war nicht alles deine Schuld. Das tut mir jetzt auch leid für dich.«

Onkel Bernhard richtet sich wieder auf, sieht mich strafend an.

»Es braucht dir nicht leidtun«, sagt mein Onkel. »Es darf dir nicht leidtun«, ruft mein Onkel. »Es darf dir um Himmels willen nicht leidtun!«

Seine Augen verengen sich zu Schlitzen. Seine Miene hat auf einmal etwas Clint-Eastwood-haftes.

»Sei stark«, sagt mein Onkel. »Sei unbeugsam«, sagt mein Onkel. »Sei kalt. Mach mir herablassende Komplimente. Objektiviere mich. Halt mir die Tür auf. Hilf mir in die Jacke. Küss meine Hand. Lobpreise meine Krawatte. Gib mir Kriechtiernamen. Schenk mir freche Männerromane mit Titeln wie ›Ein Cowboy im Schnee‹ oder ›Frauen und andere Katastrophen‹. Und wenn das alles nichts hilft: Vernichte mich! Und Claus Kleber, wenn sich mal irgendwie die Gelegenheit dazu ergibt«, ruft mein Onkel, jäh aufspringend, dass die Weinkaraffe auf der Tischdecke wackelt.

»Töte mich! Mit dem Fischmesser. Nein, lieber mit einem Löffel, das ist qualvoller.«

Mit hoch erhobenen Händen steht er da.

»Jetzt stopfen Sie dem Quatschkopf endlich das Maul«, ruft die Dame vom Nebentisch. »Sonst mach ich's!«

Alle Frauen im Restaurant klatschen jetzt rhythmisch im Takt.

Und ich tue das, was ich immer tue, wenn mich etwas überrumpelt, wenn ich überhaupt nicht weiterweiß: gar nichts.

Mein Onkel greift nach der riesigen Pfeffermühle auf dem Tisch und haut sich damit auf den Kopf. Benommen sinkt er zurück auf seinen Stuhl.

»Onkel Bernhard?«

Er reibt sich den Hinterkopf.

»Jetzt war ich doch wieder das Subjekt«, murmelt Onkel Bernhard.

Er wischt sich den Pfefferkrümelstaub von der Stirn, schaut mich vorwurfsvoll an: »Musst du halt schneller sein.«

»Ich bin müde«, sage ich. »Lass uns aufbrechen.«

»Ich bin müde«, äfft mich mein Onkel nach. »Bei den Femen nehmen sie dich nie, wenn du immer so schnell schlappmachst.«

Onkel Bernhard, schon wieder munter, schnipst nach dem Kellner, greift nach seinem dicken Portemonnaie.

»Nein, ich zahle«, sage ich.

»Nichts da«, sagt mein Onkel.

»Okay«, sage ich und stecke mein Portemonnaie wieder ein.

»Schon wieder nicht durchgesetzt«, verdreht mein Onkel die Augen, »Mädchen, wo soll das noch hinführen?«

Onkel Bernhard begleicht die Rechnung, steht auf und holt unsere Jacken. Und dann doch nur seine.

»Übrigens, schicke Krawatte«, versuche ich noch, ein paar Pluspunkte zu sammeln, aber er hört gar nicht mehr zu.

»Claus Kleber«, ächzt Onkel Bernhard, als wir schon am Ausgang sind, »welch Schmach!«

Einander untergehakt, treten wir hinaus in die Nacht.

Mein Steuerberater, die Ehe und ich

Sein Blick ist ernst. Ernst wie der des alten van Gogh auf dem »Selbstbildnis mit Filzhut«, das hinter seinem Schreibtisch hängt.

»Nein«, sagt mein Steuerberater und ruckelt seine eckige Brille zurecht.

Er an meiner Stelle würde das Zimmer, in dem ich daheim meine Texte verfasste, nicht als Arbeitszimmer von der Steuer absetzen. Falls wir die Wohnung eines Tages verkauften, wäre das, aus diesen und jenen komplizierten Gründen, ein herber finanzieller Verlust.

Der Steuerberater notiert auf einem Zettel eine verwirrende Vielzahl von Zahlen. Ich betrachte die Zahlen. Probiere, sie zueinander in Beziehung zu setzen, suche nach einem geheimen inneren System.

»Verstehe«, sage ich.

»Klar«, nicke ich. »Die Rechnung ist goldrichtig. Aber der Fall wird nicht eintreten. Wir werden die Wohnung ja gar nicht verkaufen, niemals.«

Der Steuerberater sieht mich eine Weile wortlos an.

»Wenn Sie das so genau wissen«, sagt er dann. »Wenn Sie sich da ganz, ganz sicher sind.«

»Ja«, sage ich. »Ich mag die Wohnung. Warum sollten wir sie verkaufen? Nennen Sie mir einen Grund.«

»Weil«, sagt der Steuerberater gedehnt und spielt an seinem silbernen Kugelschreiber, »wie soll ich das jetzt sagen ... statistisch gesehen, jede dritte Ehe, in Großstädten jede zweite, irgendwann auseinandergeht. Nicht immer hält die große Liebe bis in alle Ewigkeit.«

»Meine schon«, sage ich.

»So«, sagt der Steuerberater. »Starkes Statement«, sagt der Steuerberater und lehnt sich in seinem 360-Grad-Sessel um 45 Grad zurück. Höre ich in seiner sonst so entgegenkommenden Steuerberaterstimme eine Spur von Spott?

»Hundertpro«, sage ich.

»Toll«, sagt der Steuerberater, auf seinen Lippen ein zartes Kräuseln.

»Aber weiß man's?«

Ich richte mich auf meinem Mandantenstuhl auf.

»Wir lieben uns«, sage ich.

»Jetzt«, sagt der Steuerberater.

»Jetzt und für immer«, sage ich.

»Jetzt und für immer und bis morgen«, entgegnet der Steuerberater.

»Wir haben ein Treuegelübde abgelegt«, erinnere ich mich.

»Das sagt gar nichts«, lächelt der Steuerberater und drückt den Druckknopf des Kugelschreibers drei Mal rein und raus.

Okay, vielleicht müssen wir die Wohnung wirklich eines Tages aufgeben. Weltuntergang, Atomtod, die sieben Plagen Gottes, mit alledem rechne ich täglich. Das Weltenglück kann mich jeder Zeit verlassen, aber nicht mein Mann.

»Das ist die eine große Liebe«, sage ich und hebe eine Hand zum Schwur.

»So. Das habe ich auch einmal gedacht«, sagt der Steuerberater, jetzt ohne Lächeln, »bis dieser schmierige Peter Arschmüller im Büro meiner Ex-Frau anfing.«

»Oh.«

»Ja, oh.«

»Das wusste ich nicht.«

»Das wusste ich bis zu dem Zeitpunkt auch nicht«, grummelt der Steuerberater. »Und jetzt stehe ich da: geschieden, Haus zum Schleuderpreis verjubelt. Heute wohne ich in einer Maisonettewohnung. Zur Miete. Eine schöne Maisonettewohnung, eine teure Maisonettewohnung, ich bin ja Steuerberater, keine Frage.«

»Das tut mir leid«, sage ich verlegen. »Das kann jedem passieren.«

»Könnten Sie den letzten Satz noch einmal wiederholen«, freut sich der Steuerberater.

»Außer mir«, rufe ich.

Der Steuerberater schaut gedankenschwer aus dem Fenster, über die Straße, bis zum Eiscafé und noch weiter. Wie er da sitzt, niedergedrückt von den Schicksalsschlägen des Lebens und der letzten Unternehmenssteuerreform, auf die er so gerne flucht. Hatte er immer schon so große Tränensäcke?

»Frau Werner«, sagt der Steuerberater und legt den Kugelschreiber beiseite. »Darf ich Ihnen mal etwas sagen?«

»Nur zu.«

Der Steuerberater räuspert sich, hebt das Kinn:

»Die Liebe, wenn sie neu, braust wie ein junger Wein.

Je mehr sie alt und klar, je stiller wird sie sein.«

Die Worte hallen unter dem Deckenstuck noch eine Weile nach.

»Angelus Silesius. Polnischer Lyriker des 17. Jahrhunderts«, ergänzt der Steuerberater.

Ich denke nach. Das darf ich nicht so stehen lassen.

Ob ich da vielleicht einen kleinen Konter einbringen dürfe, hebe ich die Hand. Dann perlt es mir von den Lippen:

»Marmor, Stein und Eisen bricht, aber unsere Liebe nicht.
Alles, alles geht vorbei, doch wir sind uns treu.«

Der Steuerberater schüttelt den Kopf.

Sein massiger Leib richtet sich auf einmal zu voller Größe auf. Sein Bariton schallt durch den Raum.

»Der Tod ist schlimm. Die Liebe schlimmer.
Ich liebte dich. Und hasse dich für immer!«

»Auch nicht schlecht«, sage ich. »Von wem?«

»Von mir«, sagt der Steuerberater.

Er veröffentliche aber nichts, sonst müsse er seine Nebeneinkünfte noch versteuern.

Eigentlich mag ich Autoritäten. Ärztinnen, Friseure, Uniformierte aller Art, gerne lasse ich mich von ihrer Expertise leiten. Aber nicht hier. Diese Schlacht muss ich gewinnen.

Auch ich erhebe mich vom Stuhl, halte meinen Ehering entschlossen umfasst, suche den passenden Ton.

»Du bist das Licht auf meinen Wegen,
bist in jedem Atemzug.
Meine Liebe bleibt am Leben,
weil Liebe nie zerbricht,
weil Liebe nie zerbricht,
weil diese Liebe nie zerbriiiiicht ...«

Ich sinke zurück auf meinen Platz. Das hat gesessen.

Der Steuerberater schnalzt mit der Zunge.

»Hübsches Lied. Helene Fischer. Geschrieben für Florian Silbereisen. Ehe sie den herzensguten Mann skrupellos verließ!«

Die Pupillen des Steuerberaters sind jetzt schmerzgeweitet.

»Frau Werner, sehen Sie der glanzlosen Wirklichkeit ins liebesschleimverklebte Auge: Drafi Deutscher hat sich scheiden lassen. Hermann Hesse hat sich scheiden lassen. Gerhard Schröder hat sich viermal scheiden lassen. Angelus Silesius nicht, der Glückspilz war gar nicht verheiratet. Liebe ist endlich! Jede Liebe geht einmal zu Ende, wie es die Sängerin Connie Francis in ihrem Lied ›Jede Liebe geht einmal zu Ende‹ so treffend formulierte.«

»Woher wollen Sie das wissen?«, rufe ich aus. »Sie haben meinen Mann noch nie gesehen. Sie kennen doch nichts von ihm!«

»Doch, seine Kontoauszüge.«

Klick klack. Der silberne Kugelschreiber gerät wieder ins Klackern.

»Wissen Sie eigentlich«, fragt der Steuerberater, jetzt wieder lächelnd, »was Ihr Mann in diesem Augenblick macht? Wissen Sie es wirklich?«

»Ja«, sage ich, »er sucht die letzten Steuerbelege zusammen, scannt sie ein und schickt sie bis zum Mittag an Ihr Büro, wie vereinbart. Er hat sie sicher schon geschickt. Schauen Sie doch nach.«

Der Steuerberater prüft sein E-Mail-Postfach, verneint.

Sein Lächeln wird noch breiter.

Was macht der Esel zu Hause denn wieder?, denke ich.

»Ich vertraue ihm blind«, sage ich.

Der Steuerberater lächelt noch immer. Kann der Idiot nicht zu lächeln aufhören? Dann fällt mir etwas ein. Ein Satz, den ich immer schon mal sagen wollte. Wann, wenn nicht jetzt: »Sie sind gefeuert!«

Der selbstgefällige Sturkopf grinst noch immer, nimmt mich gar nicht ernst. Dann wird mir das ganze Ausmaß, die ganze Komplexität der Situation mit einem Mal bewusst.

»Jetzt verstehe ich«, schleudere ich ihm ins Gesicht, »Sie wollen sich an mich ranmachen!«

Das Lächeln erbricht in ein Lachen.

»An Sie?«, prustet der Steuerberater. »Sie sind überhaupt nicht mein Typ. Wenn Sie wenigstens gut verdienten!«

Ich hole tief Luft.

»Meine finanziellen Verhältnisse gehen Sie gar nichts an!«

»Ach«, sagt der Steuerberater.

»Nun ja«, sage ich.

Dann ist alles gesagt. Wir schweigen. Nichts als das sanfte Sirren der Klimaanlage hinter mir.

»Was ich nur loswerden wollte«, sagt der Steuerberater, seine Stimme klingt jetzt versöhnlicher. »Im Zeitalter serieller Monogamie ist nicht mehr vieles sicher. Außer«, er schaut auf seinen Computerbildschirm, »außer, dass es für Sie steuerlich von Vorteil wäre, Ihren neuen Laptop als Arbeitsmittel abzusetzen, dessen Beleg Ihr Mann in diesem Augenblick geschickt hat. Falls wir darauf zurückkommen wollen ...«

Der Steuerberater beugt sich über meine Unterlagen. Seine Mundpartie jetzt so beherrscht, so konzentriert wie die des alten van Gogh hinter ihm an der Wand. War van Gogh eigentlich verheiratet?

Insgeheim nehme ich mir vor, die düsteren, aber womöglich auch weisen Worte des Steuerberaters nach Hause »mitzunehmen«.

Vielleicht lasse ich sie mir noch einmal durch den Kopf gehen, gleich morgen oder übernächstes Jahr. Dem Rat des

Profis sollte man folgen. Auf meine Fahrlehrerin habe ich schließlich auch immer gehört. Dieser Mann hat vermutlich alles erlebt, kennt sämtliche Untiefen und Abgründe der Menschheit, beruflich und privat.

Dann plaudern wir noch eine Weile über die Vor- und Nachteile der letzten Rentenreform.

Dicke, haarige Hamster

Samstagnacht. Ich sitze an meinem Schreibtisch und google seit Stunden nach dicken, haarigen Hamstern. Dicke, haarige Hamster sind etwas, das ich normalerweise nicht googeln würde, und deshalb google ich sie.

Ich bin jetzt Netzaktivistin. Ich suche im Internet nach Dingen, die ich normalerweise nicht suchen würde, um von mir selbst abzulenken. Um meine Netzidentität zu verschleiern.

Ich schreibe Kommentare, die ich normalerweise nicht schreiben würde, außer rotzbetrunken. Ich schließe mich Gruppen an, denen ich mich normalerweise nicht anschließen würde, zum Beispiel dem Club Göttinger Großanleger und dem Forum Glückliche Kindheit.

Die Kirchturmuhr schlägt zwei. Jetzt nur noch ein bisschen bei Amazon herumlungern. Ich lege in meinen Einkaufskorb eine Kiste Bioäpfel, einen Sarg und eine Gummipuppe.

Grüble, was ich noch nicht brauche.

Hmm, gar nicht so leicht …

Vielleicht kratzige Strumpfhosen. 37 Angebote offeriert mir Amazon. Ich überfliege die Käuferbewertungen, von »superkratzig, alles bestens!« bis »juckt nicht wie erhofft«.

Spaß macht das nicht. Das ist auch anstrengend. Das ist zeitraubend. Meine Augen flimmern. Seit Tagen kriege ich kaum Schlaf, und Sex hab ich auch keinen mehr, außer virtuellen mit diesem Typen aus dem Hamsterforum.

Am Bildschirmrand flackern Anzeigen für Bioäpfel, Särge und Strumpfhosen auf, die bereits auf der Netzhaut jucken.

Es klappt. Google hat keinen blassen Schimmer. Google denkt, das bin ich! Google will mir potthässliche Sachen andrehen. Google ist wie meine Mutter.

»Kunden, die sich für kratzige Strumpfhosen interessieren, interessieren sich auch für löchrige Socken.«

»Kunden, die sich für Särge aus massiver Eiche interessieren, interessieren sich auch für stabile Stricke.«

Was der Verfassungsschutz wohl gerade über mich denkt. Was die Algorithmen flüstern. Die kategorisieren dich doch, gnadenlos, die Algorithmen mit ihren Soziologenbrillen, mit ihrem Schubladendenken. Sucht man nach Rohrzucker, auswaschbaren Tampons aus organischer Baumwolle und fair gehandeltem Koks, denken die: Alles klar, eine distinktionshungrige Ökoidiotin.

Aber halt: Warum jetzt diese chlorgebleichten Monsterbinden aus Tschechien? Warum ein Like für Günther Jauch? Warum für Frontex? Das ist doch keine schlüssige Netzpersönlichkeit. Das ist doch völlig bescheuert. Niemand mag Ildikó von Kürthy *und* Herta Müller. Niemand sucht Stylingtipps von Angela Merkel, und niemand, aber wirklich niemand hört *Napalm Death* und schmökert dabei Verse auf liebeskosmos.de.

Das ist der Punkt, an dem man nicht aufhören darf.

Jetzt noch mal alles geben.

Ich google »Pommes von gestern wieder aufwärmen«.

Ich google »Urlaub in Belgien«. Ich google die Namen aller hessischen Kultusminister von 1948 bis 1998.

Ich sage im Forum überlasteter Drillingsmütter Hallo, um kurz darauf bei einsam-und-allein.de vorbeizuschneien.

Wer ich wirklich bin, was ich eigentlich will, das weiß ich ja selber nicht. Warum soll Google das wissen?

»Kunden, die sich für Ildikó von Kürthy, Herta Müller und Napalm Death interessieren, interessieren sich auch für Bücher über schizoide Persönlichkeitsstörungen.«

Jetzt nur noch den Fetischverein Kratzige Strumpfhosen aufsuchen, den ich gerade entdecke, die Emsländer Schweinemast liken und jedes einzelne sonnendurchflutete Urlaubsfoto von Markus Söder.

Der Mond strahlt hell. Die Uhr zeigt vier. Den Rest mache ich morgen.

Hinter den Fensterscheiben

Es war Sommer, es war ein Donnerstag, es war Mitte der Achtzigerjahre und der aufregendste Tag meiner Kindheit.

Mit dem Chor der Grundschule machten wir einen Spaziergang entlang der Weser. Wir waren viele, um die sechzig Kinder. Wir waren gut drauf. Die Sonne strahlte. Zwerchfelle vibrierten. Gerade sangen wir »Hoch auf dem gelben Wagen«.

Niemals könne man so unbeschwert, so frei heraus singen wie beim Wandern, war unsere Chorleiterin Frau Krause der Ansicht, deshalb sangen wir oft unterwegs. Ringsherum nichts als der blaue Himmel, das sanfte Gurgeln der Weser, ein Dutzend Maisfelder und dieser eine parkende rote Fiat am Ende des Weges.

»Wirbelnde Blätter im Winde / es jauchzt und lacht und tollt …«, trällernd stapften wir in Zweierreihen den Feldweg entlang, getrieben vom 4/4-Takt und dem Schellenring von Frau Krause, die ganz hinten marschierte, die uns vorwärtstrieb, sobald wir zu trödeln begannen. Gerade waren wir dabei, die dritte Strophe in Angriff zu nehmen, in der es thematisch um schäumende Gerstengetränke geht, als die vorderen Wanderer durch die Seitenscheiben des parkenden Fiats ein Bein sahen. Es war nackt.

Ein Raunen ging durch die Reihen. Das Tempo unserer Truppe zog ein wenig an. Von Trödeln war jetzt nicht mehr die Rede. Es waren mehrere Beine oder Arme dort drinnen im Fiat, exakter ließ sich das noch nicht erkennen, aus fünfzig Metern Entfernung, dreißig Metern, zwanzig ... Dann sahen wir hinter der Autoscheibe einen Kopf. Mit Locken. Und noch einen. Mit Locken. Es war die Zeit der Dauerwellen, alle Erwachsenen hatten Locken, Glatthaarige waren Anti-AKW-Freaks oder sowjetische Spione.

Unser Gleichschritt war durcheinandergeraten. Die vorderen Zweierreihen hatten sich bereits aufgelöst. Ich marschierte in der hinteren Hälfte. Marschieren war nicht mehr das richtige Verb. Wir rannten. Jemand trat mir in die Hacken. Ein Ellenbogen rammte mir gegen die Schulter. Von hinten die schrille Stimme der Chorleiterin, sie rief etwas: »Stopp, stopp«, oder »Hopp, hopp«, so genau war das nicht zu vernehmen im allgemeinen Tumult.

Um den Fiat hatte sich bereits eine Traube gebildet. Die erste Zuschauerreihe war komplett belegt. Ich schob ein paar Arme beiseite, erkämpfte mir einen Platz in der zweiten Reihe.

»Die bumsen«, sagte Merle.

»Die haben gebumst«, korrigierte Natascha, die schon zehn und etwas altklug war, aber in der Sache hatte sie recht. Es handelte sich um Geschlechtsverkehr, oder das, was davon noch übrig war. Zwei nackte Körper, bereits in Auflösung begriffen, entkoppelt.

Die Fußballjungs aus der Parallelklasse, die als Erste am Zielort waren, behaupteten später, noch das aufrechte Glied des Mannes gesehen zu haben. In den Innenraum des Wagens habe es hineingeragt, riesenhaft, monströs wie der Schaltknüppel, aber ob das stimmt?

»Hinter den Fensterscheiben / lacht ein Gesicht gar hold«,

heißt es weiter in der beliebten Volksweise, die eine Splittergruppe an Erstklässlern noch immer tapfer weitersang, aber hier, am Ort des Geschehens, lachte kein Gesicht hold, außer das des sommersprossigen Kalle an der Frontscheibe, der auf die Motorhaube geklettert war.

Das Gesicht des Mannes wirkte eher nicht so hold. Eher unhold. Auf der Rückbank hockend, eingepfercht wie ein Löwe im Käfig, stierte er uns an, die Augen weit aufgerissen, wie in dem Zombiefilm, den ich kürzlich mit meinem älteren Bruder geguckt hatte, in dem Dutzende Zombies ein Auto umringten. Immer umringen in Zombiefilmen Zombies irgendein Auto.

Dann setzte sich der Mann in Bewegung. Er bäumte sich auf, krabbelte auf der Rückbank herum, drehte sich im Kreis, versuchte, mit einer Hand sein Glied zu bedecken, schnappte mit der anderen nach Hose und Hemd, langte mit einem Arm über den Beifahrersitz, um nach seiner Unterhose zu angeln, verfehlte jedoch sein Ziel. Wacker versuchte er, von der Rück- in Richtung Vorderbank zu klettern. Seine weißen Hinterbacken hingen in der Luft, während er im selben Augenblick, und das war das Beeindruckende, mit einer Faust gegen die Scheibe hämmerte und etwas rief, »Verschwindet!« oder »Erblindet!«, genauer war das durch die geschlossene Fensterscheibe nicht zu verstehen. Beim Anziehen versuchte er, sich von den zahllosen Kindergesichtern wegzudrehen, doch wo er hinsah, waren andere. Sie waren überall. Umringten die Frontscheibe, drängten sich an der Heckscheibe, an der gerade Janina aus der Vierten ihren Spitzenplatz für ein Dutzend Gummifrösche verkaufte. Man sah platt gedrückte Nasen, hörte hämmernde Fingerknöchel. Einer von den Fußballjungs notierte das Nummernschild. MI – RZ 456.

»Die Armen«, murmelte ein Mädchen.

»Wenn Gott das sähe«, vermerkte ein anderes.

»Soo witzig«, rief Reza, unser Klassenclown. Ich fand, es war beides, peinlich und witzig zugleich. Na gut, mehr witzig.

Vom Rand des Geschehens aus versuchte Frau Krause, einzelne Kinder am Kragen zu packen, Erstklässlerhände zu fassen zu kriegen, sie zurück auf den Feldweg der Tugend zu führen, aber für jedes Kind, das sie zurückschleifte, waren drei neue da.

»Ich möchte so gerne noch bleiben / aber der Wagen, der rollt«, neigte sich das Volkslied allmählich gen Ende, aber der Wagen rollte gar nicht, auch wenn sich der Mann das vermutlich herbeisehnte, während er, obenrum nur notdürftig bekleidet, den Armaturenbereich nach dem Zündschlüssel abtastete.

Das eigentlich Interessante war aber die Frau. Sie war sehr blass, hatte Berge von goldblonden Schamhaaren und medizinballgroße Brüste, vielleicht aber auch nur auf Hannahs späteren Zeichnungen. Ein 17-teiliger Bilderzyklus, Buntstift auf Papier.

Die Frau hatte verschmierte Wimperntusche und glühend rote Wangen. Während sich der Mann drehte und wand, saß sie ganz einfach da, auf der Rückbank, und tat das einzig Sinnvolle, ja, das Einzige, was in dieser Situation irgendetwas brachte: Sie schloss die lidschattenverschmierten Augen und tat, als sei sie nicht da. Und irgendwie, und das war faszinierend – irgendwie war sie gar nicht da, schien entschwebt, bewahrte sie sich ein Stück Restwürde.

Mit der Zeit entspannten sich ihre Gesichtszüge, als dachte sie gerade an etwas anderes, die Kuschelecke im heimischen Wohnzimmer, die neue Zimmerpalme, die auch mal wieder gegossen werden müsste. Ein Ferientag am Steinhuder Meer.

»Frau Krause, hier ist noch was frei«, winkte ein Zweitklässler, aber unsere Chorleiterin blieb eisern am Wegesrand stehen, so angewurzelt wie auch der Fiat, der sich immer noch nicht vom Fleck bewegte.

Und dann doch. Der Motor heulte auf. Körper wichen zurück, Hände und Lippen lösten sich von Fensterscheiben, Labello-Spuren blieben. Der Zuschauerkreis riss auf, formte sich zum Halbkreis. Der Mann umkrallte das Steuer, während der Wagen ganz sachte anrollte. Widerwillig rutschte der sommersprossige Kalle von der Motorhaube. Nur die Frau saß immer noch auf der Rückbank, mit geschlossenen Augen, unangeschnallt, aber das fiel in den Achtzigerjahren eigentlich nicht groß auf.

Einige winkten. Wehmütig sahen wir dem Fiat nach, wie er langsam den Feldweg entlangrollte, beschleunigte, in einer Abgas- und Staubwolke verschwand, und fühlten uns mit einem Mal erwachsen. Auf dem Rückweg zur Grundschule sangen wir noch die letzte Strophe des Liedes, aber es war nicht mehr dasselbe.

Noch oft gingen wir, das heißt, ich, an die Weser und hielten nach dem Fiat Ausschau, aber er tauchte nicht wieder auf. Und noch heute, wenn ich ein Auto am Feld- oder Waldrand parken sehe, schaue ich aus Gewohnheit hinein. Und summe dabei, ich kann nicht anders, ganz leise »Hoch auf dem gelben Wagen«.

Lachen

Dieser Text hier hat eigentlich ein trauriges Thema: den Tod meiner Oma. Aber es darf gelacht werden. Es muss gelacht werden. Bitte keine pietätvolle Zurückhaltung, das hätte meine Oma gekränkt.

Meine Oma war eine fröhliche Frau. Ein bisschen zu fröhlich vielleicht für meinen Geschmack. Sie liebte es, wenn man über sie, ihre Witze oder das Leben als solches in Lachen ausbrach.

»Lach doch mal«, sagte sie oft, als ich ein Kind war, und funkelte mich dabei aus ihren wässrig-blauen Augen an.

»Ja, Oma, versuche ich doch«, sagte ich. »Bestimmt. Gleich.«

Meine Oma wohnte in einer anderen Stadt, kam aber oft zu Besuch.

»Was ist, Kindchen? Jetzt lach doch mal«, knuffte sie mich mit ihrem Gehstock gegen die Schulter. »Jetzt guck nicht so bedröppelt.«

»Ach Oma, weißt du, es sind die Achtzigerjahre, da ist das nun mal so«, murmelte ich. »Damals, bei euch, in den Dreißigern, das waren halt andere Zeiten.«

Oft thronte sie einfach nur da, in unserem Wohnzimmer, in Vaters gutem Fernsehsessel. Ihre Mundwinkel zeigten nach oben. Immer nach oben, wie an unsichtbaren Fäden hochgezogen.

»Ich habe den Krieg miterlebt und den Tod meines Mannes, und habe ich mir die Lebensfreude verbieten lassen?«, legte sie irgendwann los.

»Ich lache sogar über meine Gehbehinderung«, triumphierte sie und klopfte mit ihrem Gehstock gegen ihren Klumpfuß.

»Das ist toll, Oma«, sagte ich.

»Ich lache sogar über meine Invalidenrente«, sagte sie, »487 Mark, haha! Ich lach sogar über Helmut Kohl.«

»Das tun alle, Oma.«

Sie schob den Kopf ein Stück zu mir vor. Ihre Augen blitzten.

»Ich lache sogar über den Kalten Krieg.«

»Das ist stark, Oma.«

»Ich lache sogar über deine Mutter.«

»Das weiß ich, Oma«, sagte ich. »Das tust du sehr oft.«

Meine Mutter ist ihre Schwiegertochter.

»Und Hitler?«, fragte ich.

»Jetzt nur nicht frech werden, Mädchen«, rief sie aus und gab mir eine Kopfnuss mit dem Gehstock.

Wenn ich sie aus unserem Gästezimmer glucksen hörte, amüsierte sie sich vermutlich gerade über die Folgen von Tschernobyl. Und wann immer ich abends neben dem Waschbecken ihr Gebiss im Zahnputzglas schwimmen sah, war es mir, als ob es mich angrinste, ganz leicht.

Meine Oma hatte in ihrem Leben so einiges erlebt: zwei Weltkriege, eine Flucht, drei Hungerwinter und den endgültigen Niedergang des öffentlich-rechtlichen Fernsehens. Irgendwann, ich tippe auf das Jahr 1944, vielleicht war es nach dem Tod ihres ältesten Kindes, muss meine Oma damit angefangen haben, mit ihrem positiven Denken, mit ihrer zwanghaft guten Laune, die sie, Jahrzehnte später, erbarmungslos an mir ausließ.

Und erst heute geht mir auf, warum sie sich immer dazusetzte, wenn ich im Wohnzimmer amerikanische Sitcoms sah: Die rhythmisch aufheulenden Lachkonserven zogen sie magisch an.

Dann wieder marschierte sie in unserem Haus auf und ab, so gut sie es mit ihrer Gehbehinderung eben konnte, auf den Lippen ein fröhlich' Lied: »Lachend, lachend, lachend, lachend kommt der Sommer über das Feld ...« An dieser Stelle hielt sie stets für Momente inne und linste aus den Augenwinkeln zu mir herüber, wie ich phlegmatisch in den Sofakissen hing, im Schoß »Die Wolke« meiner Lieblingsschriftstellerin Gudrun Pausewang.

»Von der Lebenseinstellung des Sommers könnte sich Madame Immertrüb mal eine Scheibe abschneiden«, rügte meine Oma.

Das Lied blieb mir immer ein Rätsel.

»Warum kommt denn der Sommer lachend über das Feld, Oma?«, fragte ich.

»Weiß der Himmel«, sagte sie und schwang ihren Stock durch die Luft wie ein Dirigent seinen Taktstock. »Weil er eben nicht so ein weltverneinendes, ewig alles hinterfragendes Herbstgewächs ist wie du!«

Hörte ich an meiner Zimmertür ein Klopfen im Takt eines bekannten Karnevalstuschs, war jede Flucht zu spät.

»Wer da?«, fragte ich.

»Der Klabautermann«, drang es durch die Tür, flankiert von einem irren Wiehern: »Spa-haß!«

Sie riss die Tür auf. Ihr geblümter Morgenrock füllte den Türrahmen ganz aus. Mit ihrem Gehstock bahnte sie sich eine Schneise durch mein vermülltes, schwarz gestrichenes Jugendzimmer, wobei sie »Die letzten Kinder von Schewenborn« achtlos beiseitekickte.

»Na, du Schlaftablette?«, begrüßte sie mich. »Jetzt guck nicht wieder so. Gibt es irgendetwas, das dir missfällt?«

»Der saure Regen«, sagte ich.

»Das Ozonloch«, sagte ich. Schwarze Kajalschichten zauberten um meine Augen apokalyptische Schatten.

»Deine Sorgen möchte ich haben«, schnaufte meine Oma. »Du hast doch noch nicht mal jemanden sterben sehen.«

»Doch, den Wald«, sagte ich und entflammte auf dem Beistelltisch die nächste schwarze Tropfkerze.

Lachen, das bedeutete eine fratzenhafte Verzerrung der Gesichtsmuskeln. Entblößung des Zahnfleischs. Kontrollverlust. Lebensfreude, das war etwas für Jesus Freaks, für T-Shirts batikende VHS-Kurs-Besucher und meine Oma, aber nicht für mich.

Mit fünfundachtzig Jahren erkrankte meine Oma an Krebs.

Leichenblass und eingefallen lag sie im Krankenhaus.

»Du liebes Lieschen, wie du wieder guckst«, sagte sie, ein wenig ermattet, als ich an ihrem Bett stand, angereist aus meiner fernen Studentenstadt: »Warum die Leichenbittermiene? Gibt es irgendwas, was dich betrübt?«

»Nein, Oma. Nein, nein«, sagte ich und blinzelte durch das trostlose Dreibettzimmer, in Angst, dass im nächsten Augenblick Dr. Eckart von Hirschhausen mit roter Clownsnase hinter der Tüllgardine hervorgesprungen kam, von dem in diesen Jahren immer öfter die Rede war. Ich glaube, Dr. Eckart von Hirschhausen und meine Oma hätten sich blendend verstanden.

Ich sah sie an. Meine arme Oma, im Krankenbett. Wie sie da lag, eingefallen wie ein altes Vögelchen. Ein altes, grinsendes Vögelchen.

Ihre Mundpartie, von Lachfalten zerfurcht.

»Du wirst schon nicht …«, hob ich an.

»Sterben, wolltest du sagen?«, rief sie aus und richtete sich auf ihrem Kissen auf. »Krepieren, verwesen, bis kleine Regenwürmer durch meine Augäpfel kriechen? Sag es nur. Nur zu!«

Ich schwieg.

»Pah, ich sterbe nicht. Niemals.« Sie ließ sich zurück ins Kissen sinken. »Und falls doch«, sie reckte einen faltigen Finger, »möchte ich, dass ihr fröhlich seid.«

Keinesfalls, gab sie kund, ließe sie zu, dass die Trauergäste miesepetrig und in Trauergarderobe zu ihrer Beerdigung kämen. »Wenn ich sterbe, dann dürft ihr ruhig fröhlich sein. Dann *müsst* ihr fröhlich sein. Und schlemmen. Und bechern. Und tanzen. Stopptanz! Die ganze Nacht. So wie wir damals in den Luftschutzkellern.«

»Nee komm, Oma«, sagte ich, nun musste ich doch einmal grinsen. »Ihr habt Stopptanz im Luftschutzkeller gespielt?«

Diese Vierzigerjahre schienen es ganz schön in sich gehabt zu haben.

Oma, im Kreise von Aberhundert Trümmerfrauen, so stellte ich es mir vor. Sie tanzten Swing in Häuserruinen. Sie machten eine Polonaise über den Schwarzmarkt. Sie mampften fröhlich zu siebt eine Steckrübe. Katerstimmung gab es lediglich vom vielen selbst gebrannten Kartoffelschnaps.

»Echt jetzt? Stopptanz?«

Ihr vielsagendes Lächeln. Nie ließ sie sich festnageln, das war nicht ihre Art. Auf Nachfragen gab sie keine Antwort, grundsätzlich, und vielleicht war das mit dem Stopptanz ja auch nur irgendwie metaphorisch gemeint.

Ihre Lippen waren ein wenig verrutscht.

»Du guckst so ernst«, sagte ich.

»Was, ich?«, empörte sich Oma. »Weil *du* so kümmerlich durch die Gegend glotzt, darum!«

Meine Oma sollte recht behalten. Sie überlebte den Krebs. Nach der Operation war sie wieder die Alte – ja schlimmer, noch besser gelaunt, noch entschlossener, mich mit ihrer guten Laune zu traktieren, als je zuvor.

»Tadaa, da bin ich wieder«, posaunte sie, als sie zehn Wochen später siegreich über unseren Gartenweg schritt wie ein spätrömischer Imperator. »Weil ich mich nicht unterkriegen lasse. Weil ich das Leben positiv sehe. Ich habe zwei Kriege überlebt, eine Flucht und den widerlichsten Krankenhausfraß aller Zeiten – ich sage nur, Bierschinken auf Weißbrot –, mich kriegt nichts mehr ins Grab.«

Sie wurde dann im Alter von vierundneunzig Jahren von einem Bus überfahren. Eigentlich gar nicht so lustig, aber wir haben es so gefeiert, wie sie es wollte, mit Girlanden und farbenfrohen Törtchen.

Meine jüngeren Cousins gackerten ein bisschen herum. Es klang eher gezwungen, wie eine Lachkonserve aus der Sitcom *Roseanne*, die meine Oma und ich oft zusammen geschaut hatten, aber so recht kam keine Stimmung auf.

Nur meine Mutter wirkte ein bisschen befreit und trank sehr viel Sekt. Erst als der Grabredner in seiner Standardrede den Satz herausraunte: »Herr, warum hast du sie so früh aus dem Leben gerissen?«, musste ich doch einmal lachen.

»Geht doch«, hätte Oma genickt.

Trinke, Liebchen, trinke

Es ist Nacht, es ist Winter, ich gleite in der S-Bahn durch Hamburg und hadere mit dem Leben, und sechs alte Damen sitzen um mich herum und schauen mich an.

Es wäre einfacher, mit dem Leben zu hadern, ohne die sechs alten Damen um mich herum, die mich anschauen. Nicht anstarren oder fixieren, sondern einfach neugierig gucken. Die selber, scheint's, mit gar nichts hadern, vielleicht niemals mit irgendetwas im Leben gehadert haben, sondern eher vergnügt und fidel aussehen und interessiert an anderer Leute Leid.

Eine gähnt. Die Zweite dreht ihre faltigen Daumen, die Dritte klappt ihre Handtasche rhythmisch auf und zu.

Ich hocke da, betrachte meine Hände und versuche, an etwas Schönes zu denken. An irgendeinen Lichtblick in meinem Leben, eine sonnendurchflutete Anekdote, einen flirrenden Glücksmoment, aber mir fällt nichts ein, und da rollt bereits eine Träne meine Wange herab. Und dann noch eine.

Tränen tropfen auf meinen Anorak, meine Hände.

Es ist Nacht, es ist Winter, ich gleite in der S-Bahn durch Hamburg, hadernd mit dem Leben, und ein Taschentuch der Marke Tempo schiebt sich in meine Hand.

»Bekümmert?«, erkundigt sich die Dame mit der fliederfarbenen Häkelmütze mir gegenüber. Auf ihrer Stirn sind ein paar Falten zu sehen. Ob Mitleids- oder Altersfalten, kann ich nicht unterscheiden.

»Nee«, sage ich, »eher gebrochen.«

»Oh, oh.«

»Das Leben ist ein großer Haufen Scheiße«, präzisiere ich.

»Was hat sie gesagt?«, fragt die mit dem übergroßen Seidenschal im Vierersitz nebenan.

»Das Leben ist ein großer Haufen Scheiße«, wiederholt die Bemützte.

»Was?«, ruft Seidenschal.

»Anneliese, schalt dein Hörgerät lauter. Das Leben ist ein großer Haufen SCHEISSE!«

Zwölf Pupillen schauen mich mitfühlend an.

Dann weinen wir alle.

»Wie das Leben von Rosalinde. Rosalinde von Eisenstein«, schluchzt die Dame links von mir, auf der runzeligen Nase eine Gleitsichtbrille.

Alle nicken.

»Hä?«, schluchze ich.

»Das war die eine aus der Operette«, schnieft die Bebrillte. »Aus der *Fledermaus* von Johann Strauss. Da waren wir gerade. Deshalb sind wir so spät noch unterwegs. Wir fahren nach Neu Wulmstorf. In Neu Wulmstorf müssen wir raus.«

»Mariechen«, sagt ihre Sitznachbarin, deren Graukopf aus einem wolligen Poncho ragt, und hebt einen zerknitterten Zeigefinger, »diese junge Dame ist mit sich und der Welt am Ende, und du erzählst so Dönekes.«

Es ist Nacht, es ist Winter, ich gleite in der S-Bahn durch Hamburg, hadernd mit dem Leben, und ein Müsliriegel, Geschmacksrichtung Schoko-Banane, liegt plötzlich in meiner Hand.

»Ist es wegen einem Burschi?«, fragt der Mund der Fünften, bepinselt mit blassrosa Lippenstift.

Ich habe das Gefühl, dass hier irgendwer meine Probleme bagatellisiert.

Sechs Augenpaare durchbohren mich voll Neugier.

Ich habe weder Lust noch Zeit, hier meinen Ehestreit auszubreiten, zucke nur die Schultern.

»Wir waren alle auch mal jung«, wirft Seidenschal ein. »Wir alle haben einmal geliebt.«

Dieser Gedanke deprimiert mich noch mehr.

»Mein erster Schwarm starb 1945«, vermeldet die Bemützte.

»Och Herta, jetzt nicht die Schote«, mahnt Gleitsichtbrille. »Krieg, Untergang ... Treib die junge Dame doch nicht gleich auf die nächsten Bahngleise.«

»Schon gut«, sage ich und tupfe mir den Rotz mit dem Taschentuch von der Nase. »Erzählen Sie ruhig von Ihrem eigenen Elend. Das zieht mich vielleicht wieder hoch.«

»Ich hatte auch mal Liebeskummer«, sagt Wollponcho. »Wegen Liesls Mann, diesem Schürzenjäger.«

»Ich auch. Wegen Liesls Mann«, sagt Lippenstift.

»Und ich auch«, schallt es aus allen Richtungen.

»Jetzt fangt nicht wieder damit an«, mosert die Sechste, die noch gar nichts gesagt hat, die dann wohl Liesl ist. »Das ist fünfundvierzig Jahre her.«

Wohl um abzulenken, steckt sie den Kopf tief in ihre Handtasche. »Ich habe hier doch irgendwo noch ein Viererpäckchen Mon Chérie ...«

»Liesl«, mahnt Seidenschal, »sagtest du nicht, die seien schon abgelaufen?«

»Hallo«, rechtfertigt sich diese, »die junge Dame will sich womöglich das Leben nehmen, da ist das doch auch egal.«

Ich sage, ich würde mir sicher nicht das Leben nehmen, jedenfalls nicht, wenn ich so ein schmackhaftes Mon Chérie bekäme, abgelaufen hin oder her.

Und dann tanzt vor meinen verheulten Augen noch ein schmucker Flachmann.

»Ist das Frauengold?«, frage ich.

»Nee, Männerhass«, scherzt Gleitsichtbrille.

Allgemeines Wiehern.

»Trinke, Liebchen, trinke schnell«, beginnt Wollponcho zu singen, »trinken macht die Augen hell ...«

»... sind die schönen Äuglein klar«, führt Häkelmütze die Argumentationskette trällernd fort, »siehst du alles licht und wahr!«

Dass das ein Lied aus der *Fledermaus* ist, kann ich mir inzwischen denken.

Es ist Nacht, es ist Winter, ich gleite in der S-Bahn durch Hamburg und hadere mit dem Gedanken, vielleicht noch mit nach Neu Wulmstorf zu kommen. Bei Herta in der Hausbar soll es noch ein paar schmackhafte Absacker geben und im Plattenschrank die berühmte *Fledermaus*-Aufnahme der Wiener Philharmoniker aus dem Jahr 1960, dirigiert von Herbert von Karajan.

Dann fällt mir ein, dass die Rückfahrt mit dem Nachtbus mindestens anderthalb Stunden dauert.

Die Bahn hält. Ich stehe auf.

»Da bin ich«, sage ich.

»Zurück im Leben?«, fragt Häkelmütze.

»Nee, erst mal zu Hause.«

»Na dann«, hebt sie die Hand zum Gruß, »dann mach es mal gut. Und immer daran denken: Glücklich ist, wer vergisst ...«

»... was doch nicht zu ändern ist«, tost ein sechsstimmiger Chor durchs Abteil, auch noch, als die Tür bereits wieder geschlossen ist. Wedelnde Hände, aufgerissene Münder, platt gedrückte Nasenspitzen an der Fensterscheibe.

Ich winke ihnen nach, bis die S-Bahn in der Dunkelheit verschwunden ist.

Ding dong

Immer wenn ein Handwerker in meine Wohnung kommt, habe ich Angst, dass er denkt, ich wolle mit ihm schlafen.

Das hört man ja, dass Hausfrauen immer mit Handwerkern schlafen wollen. Das Internet ist voll davon. »Die Hausfrau und der schüchterne Handwerker«, »Der Handwerker und die geile Hausfrau«, »Mörtel auf unserer Haut«, »Hausfrau will Sex – Handwerker springt aus dem Fenster (und stirbt)«. Und so weiter.

Ich will aber gar nicht mit Handwerkern schlafen. Hey Jungs, niemals würde ich das tun! Aber woher sollen sie das wissen? Die denken, ich bin eine dieser ausgehungerten, liebestollen Hausfrauen wie meine Nachbarin Helga Rietmüller. Erst wird ein Kaffee oder ein Glas Wasser angeboten, und dann geht es los, dann muss sich der Handwerker hemmungslos hingeben, auf Rechnung oder schwarz.

Ich versuche immer, verbal und nonverbal zu signalisieren, dass ich keinerlei Absichten hege, mit ihnen zu schlafen; ich versuche, mich betont unnymphoman, ja geradezu antinymphoman zu geben.

Ist aber anstrengend. Jetzt, wo wir die Küche komplett renovieren, kommen andauernd Handwerker herein.

Ding dong.

Goldblonde Bartstoppeln funkeln durch den Türspion.

Der Maler. Oh, oh. Google mal »Hausfrau« plus »Maler«.

»Geile Hausfrau sucht Maler«, »Hausfrau befühlt großen Pinsel des Malers«, »Maler verputzt Wand – Hausfrau verputzt Maler« und so weiter.

»Tachchen«, sagt der blutjunge Maler und lächelt mich an. Wie gutgläubig kann man sein? Ich könnte eine dieser immer geilen Hausfrauen sein, ich könnte ihn, jetzt sofort, an dem Latz seiner Malerhose durch den Wohnungsflur schleifen, hinein in die Abstellkammer.

»Ach, Sie sind's. Fast vergessen«, nuschle ich so tonlos wie möglich. Das Timbre meiner Stimme tremoliert zwischen Gleichgültigkeit und Feindseligkeit. Meine ganze Körpersprache ist abweisend wie diese neue wasserabperlende Latexfarbe, die wir gleich an die Küchenwände bekommen. Oh Gott, Latexfarbe, das Wort kommt mir nicht über die Hausfrauenlippen.

Der Maler sieht schon etwas verstört aus, vielleicht hat er aber gestern auch nur zu viel gekokst, das hört man von Malern ja.

Der Maler tritt in meinen Flur, legt seine Sachen ab.

»Sollen die Fußleisten vorher ab?«

»Ob die Fußleisten vorher ab sollen?«, wiederhole ich, jetzt schon stark gelangweilt. »Keine Ahnung. Mein lieber Ehemann macht das sonst immer.«

Ich will den jungen Mann entwarnen. Er soll ganz entspannt und konzentriert seinen Job machen. Freundchen, ich weiß, wie dir zumute ist, aber vor mir brauchst du keine Angst zu haben.

Am Hals hat der Maler einen roten Fleck. Blutschwamm oder Bisswunde? War er vorher etwa doch bei Helga Rietmüller nebenan?

»Sie können jetzt gerne einfach loslegen«, sage ich und gehe zur Sicherheit noch drei Schritt zurück.

»Okay«, sagt der Maler.

»Ungestört arbeiten, dafür sind Sie ja hier. Machen Sie ruhig einfach Ihren Job.«

»Okey dokey«, sagt der Maler.

»Ich bin dann solange im Arbeitszimmer. Ich muss auch arbeiten. Ich bin nämlich keine Hausfrau im engeren Sinne, also keine Nur-Hausfrau. Eher eine Auch-Hausfrau.«

»Hm, hm«, sagt der Maler.

»Ich schreibe«, präzisiere ich. »Ich schreibe eine Liebesgeschichte.«

Oh, oh. Falsche Abbiegung.

»Eine monogame Liebesgeschichte«, präzisiere ich. »Über mich und meinen Mann. Ich liebe ihn.«

»Das ist schön«, sagt der Maler und öffnet den Deckel des Latexfarbeimers. »Dann leg ich mal die Abdeckplane aus. Viel Spaß beim Arbeiten. Und dürfte ich vielleicht ein Glas Wasser bekommen?«

»Nein«, rufe ich und enteile.

Zwei Stunden später.

Der Maler ist fertig, kramt Eimer, Pinsel und Abdeckplane wieder zusammen.

»Schön, Sie sind fertig«, sage ich. »Ja, so habe ich mir das vorgestellt. Das lief ja gut. Für beide Seiten. Schön unkompliziert«, sage ich. »So soll es sein.«

Ich öffne die Wohnungstür.

Auf keinen Fall darf er denken, dass ich ihm irgendwie nachtrauere. »Na dann, schönen Tag noch, was immer Sie heute noch vorhaben, arbeiten, koksen oder mit Ihrer Freundin schlafen.«

»Äh ... ja«, sagt der Maler, lässt sich seine Arbeit quittieren, grüßt und entschwindet.

Puh, das lief ja ganz gut. War aber auch anstrengend. Erst mal eine Runde die Füße hochlegen, durchatmen, ausruhen.

Ding dong.

Schon wieder? Wer denn jetzt?

Durch den Türspion erspähe ich eine großporige Saufnase.

Der Klempner ist da. Puh, Glück gehabt. Bei Klempnern ist die Lage entspannter. »Klempner« plus »Hausfrau«, da findet man im Internet deutlich weniger. Klempner sind wirklich unsexy. Klempner sind die Ostfriesen der Handwerkergilde. Klempner riechen nach Siphon und Chemietod, schnüffeln in ihrer Freizeit Abflussreiniger und saufen bis tief in die Nacht.

Niemand würde je mit einem Klempner schlafen, außer meine Nachbarin Helga Rietmüller.

»Der Klempner! Na, kommen Sie rein«, sage ich ganz entspannt und winke den guten Mann aufs Freundlichste herein.

Mutter, Schwester, Kind

Meine Tochter und ihre Freundinnen spielen. Sie spielen am Nachmittag, sie spielen am Wochenende, sie spielen immer das Gleiche: »Ich bin die Mutter.«

»Ich bin das Baby.«

»Und ich bin die große Schwester.«

Stundenlang spielen sie komplett versunken vor sich hin, bis es Abend wird, bis sich die Sonne am Himmel senkt und ihre zarten Augenlider schwer werden.

»Und wo ist eigentlich der Vater?«, klinke ich mich heute vorsichtig ein.

»Gestorben«, sagt meine Tochter.

»Autounfall«, präzisiert ihre Freundin Maja und zuckt die sommersprossigen Schultern.

»Nee, Kopfkrebs, wie mein Opa«, verbessert Clara. Darauf können sich alle einigen.

»Aus dem Flugzeug gefallen«, sagte neulich die Tochter meiner Berliner Freundin auf selbige Frage. Ja, auch in Berlin, Bielefeld oder Frankfurt spielen die Mädchen heute gerne ohne Vaterfigur.

»Hört mal, meine Süßen«, hat neulich mein Kumpel Michael seine Zwillingstöchter gefragt. »Und wo ist eigentlich immer der Vater?«

»Egal«, riefen die beiden im Chor. »Hauptsache tot. Sonst noch etwas, Papa?«

Vater, Mutter, Kind: Das war mal, in den Achtzigerjahren, als ich Kind war und die Spielfamilie aus genau diesen Helden bestehen musste – koste es, was es wolle, auch die Laune desjenigen Mädchens, das die Vaterfigur übernehmen musste, wenn gerade kein Junge zur Hand war. Der Spielvater ging zur Arbeit, motzte über die zerknitterte Fernsehzeitung, hockte stundenlang auf dem Klo oder trank ein imaginäres Bier nach dem anderen.

Vater, Mutter, Kind. Das war eine unumstößliche Spielanordnung, jahrzehnte-, jahrhundertelang: auf mittelalterlichen Marktplätzen, an Fürstenhöfen, im aufstrebenden Bürgertum und noch unter Hunderttausenden Halbweisen nach 1945, die das Gesicht ihres biologischen Vaters lediglich von einem rissigen Schwarz-Weiß-Foto kannten, ja noch in den progressivsten Hippiekinderläden der Siebzigerjahre verzichtete man lieber auf den Sonntagsbesuch vom Bhagwan als auf den Vater. Der Vater, das Familienoberhaupt, die Schlüsselfigur, die Respektsperson, der Drahtzieher, Held und Antiheld in einer Person, ist heute aus den Spielfamilien vielfach eliminiert wie ein überschüssiger Schauspieler aus einem unterfinanzierten Provinztheater.

»Aufstehen, Baby und Tochter!«

Bei meiner Tochter und ihren Freundinnen beginnt gerade ein neuer Tag. Die Mutter macht die Kinder fertig, bringt sie zur Kita, geht arbeiten, holt die Kinder wieder ab, kocht, versackt eine Viertelstunde auf dem Klo, motzt über die zerknitterte Fernsehzeitung und hält sich die alte Babynuckelflasche geradewegs an den Hals: »Is' Bier drin.«

»Hört mal, Mädels«, klinke ich mich noch einmal ein. »Könnte der Vater nicht wenigstens einfach nur hackedicht irgendwo rumliegen oder für ein paar Tage getürmt sein?«

»Nö«, sagt Maja und klappert mit dem Minikochtopf. »Dann kommt er ja wieder.«

Mein Mann ruft an. Also mein echter, kein Spielmann. Er komme heute leider eine halbe Stunde später von der Arbeit.

»Nicht schlimm«, sage ich. »Wir wuppen das schon ohne dich. Irgendwie wird's schon gehen.«

Schuldgefühle nagen an mir. Vielleicht hätte ich nicht das Missy Magazine neben dem Klo liegen lassen dürfen. Vielleicht haben die Vorschulerzieherinnen den Aspekt der frühkindlichen Bildung neu konzipiert und den Kindern Simone de Beauvoir vorgelesen? Und ich dachte, das kommt erst in der zweiten Klasse.

Es klingelt an unserer Haustür. Draußen steht der kleine Peer. Streift seine Matschestiefel ab, läuft ins Spielzimmer.

»Darf ich mitspielen?«, ruft er in die Runde.

»Ja. Aber wen?« Die Mädchen legen ihre rosigen Stirnen in Grübelfalten.

»Du kannst die Tante sein«, entscheidet Clara.

»Okay«, sagt Peer. Zufrieden stürzt er sich ins Getümmel.

Auch meine Freundin aus Kopenhagen schreibt, ihre Tochter verzichte beim Spielen gern auf die Vaterfigur. Wie das in anderen Ländern wohl ist, frage ich mich. Spielen da die Mädchen ebenfalls ohne Vaterrolle, und wenn, mit welcher Begründung?

»Nach Europa geflüchtet«, sagen die Mädchen möglicherweise in Mali.

»Mit 117 Kugeln durchlöchert, von Los Zetas«, mag ein Argument in Mexiko lauten.

»Totgesoffen«, wiederum in Russland.

Wogegen es in Norwegen heißt: »Was ist ein Vater? Mutti hat die Samenzellen künstlich im Labor erworben, für 500

Kronen«, so schnattern die norwegischen Mädchen, die immer ein wenig emanzipierter und aufgeklärter sind als der Rest der Welt.

Was hätten wir denn damals gesagt, grüble ich. Atomkrieg, vom Ozonloch verschlungen oder beim großen Waldsterben gleich mit gestorben, von der RAF niedergestreckt oder von dem Biervorrat der freiwilligen Feuerwehr. Das hätten wir damals gesagt, hätten wir auf den Vater verzichtet, was wir aber nicht taten, niemals.

Kindliche Rollenspiele spiegeln zeitgenössische gesellschaftliche Entwicklungen wider, sagte neulich eine Kindertherapeutin im Fernsehinterview. Aber warum, frage ich mich, reden meine Tochter und ihre Freundinnen dann immer nur von Autounfall und Krebs? Also unorigineller geht's nicht. Wenn schon zeitgenössische Entwicklungen widerspiegeln, dann richtig.

»Hört mal zu, ihr kleinen Krabben«, sage ich. »Warum denn nicht mal ein tödlicher E-Bike-Unfall, Ohrmuschelkrebs von Handystrahlen, auf Ebay versteigert, von einem Meteoriten erschlagen oder zu viel Arbeit? Aber ein Autounfall, pfff, das kann jede sagen, das ist 20. Jahrhundert.«

Sechs weibliche Kulleraugen schauen mich interessiert an. In den Köpfen rattert es, das sieht man ihnen an. Clara lächelt, als ob da irgendwo in ihrem Schädel gerade eine Lampe angeht, als ob sie sich den einen oder anderen Halbsatz für künftige Spiele gut einprägt.

»Nun gut«, mein Tonfall wird etwas versöhnlicher. »Aber wart ihr wenigstens bei der Beerdigung des Vaters?«

»Keine Zeit. Große Schwester musste zum Ballett.«

Mein Mann kommt nach Hause, also mein echter, und macht es sich im Wohnzimmer gemütlich.

»Ach, sie spielen wieder so schön, wie schön sie immer spielen!«, ruft er vom Sofa. »Was spielen sie eigentlich?«

»Ach nichts«, sage ich. »Ruh du dich mal aus. Und möchtest du einen Kaffee? Und die Zeitung?«

Die Abendsonne flammt durch die Fensterscheiben.

»Könnt ihr mal ein Ende finden?«, sage ich zu den Kindern. »Gleich ist Abendbrotzeit.«

»Nur noch ein bisschen«, bittet meine Tochter.

»Die Mutter«, sie zeigt auf Maja, »will jetzt nicht mehr alleine sein. Sie will noch schnell heiraten.«

»Toll«, sage ich. »Wie heißt er denn?«

»Charlotte«, sagt meine Tochter. »Und was soll denn überhaupt wieder diese heteronormative Kackfrage?«, würde sie, völlig zu Recht, ergänzen, wenn sie hochintelligent und frühreif wäre, was sie aber beileibe nicht ist.

Welches Tier wären Sie am liebsten?

Ich wäre gerne eine Krake. Ich hätte acht Arme. Ich könnte einen Kuchen backen und gleichzeitig die Wäsche zusammenlegen. Ich könnte Tschaikowski sechshändig klimpern und mich dabei per Cello begleiten. Ich könnte Sex mit meinem Mann haben und im selben Moment schon mal die Wäsche in den Wäscheschrank einsortieren.

Wenn mir kalt ist, flechte ich aus meinen Armen einen russischen Zopfpulli. Wenn ich einsam bin, spiele ich im Keller Tischkicker gegen mich selbst. Wenn ich traurig bin, lege ich mir ein paar Arme um die Schulter. Wenn ich danach immer noch traurig bin, knote ich mir aus meinen Armen einen Strick.

Aber ich wäre nicht traurig und nicht einsam, ich wäre beliebt und überall gerne gesehen.

Ins Kino ginge ich immer eine Stunde früher und hielte für alle meine Freunde Plätze frei. Auf jedem Ball könnte ich mit vier Frackträgern gleichzeitig tanzen und gucken, was passiert. Natürliche Feinde hätte ich keine, außer die Tischfußballasse in den Kickerkneipen und die Frauen der Frackträger.

Beim Durchkitzeln würde ich immer gewinnen.

Bei »Stein, Schere, Papier« würde ich jeden verwirren.

Beim Kasperle-Spiel könnte ich acht Handpuppen gleichzeitig spielen: Kasperl, Seppel, Großmutter und fünf traurige

Krokodile, um auf das Artensterben am Amazonas aufmerksam zu machen.

Bei Familienfesten würde ich alle gleichzeitig umarmen, dann ist es schneller vorbei.

Vor jedem Mietshaus könnte ich die herrlichsten Streiche spielen und zeitgleich auf alle Klingeln drücken.

Zu jeder Faschingsfeier ginge ich als die Audi-Ringe, als Wäschespinne oder Kronleuchter.

Bei den Olympischen Spielen könnte ich den deutschen Achter alleine rudern und den Ruhm alleine einstreichen.

Meinen dehnbaren Körper würde ich nach Lust und Laune verformen, ich könnte durch jede Felsspalte kriechen, unter jeder Schranke hindurchgleiten und müsste bei Sanifair-Toiletten nie mehr bezahlen.

Mein ganzes Leben wäre erfüllend. Vor allem im Büro.

Im Büro wäre ich die Wucht. Ich könnte das Protokoll abtippen, im selben Augenblick die Ablage machen, Espresso nachfüllen, mit dem fünften Fangarm dem Chef in den Darmkanal kriechen und mit den übrigen dreien einen Leitz-Ordner davorhalten, damit es keiner sieht.

Für die Erderwärmung wäre ich nicht zuständig. Für das Artensterben wäre ich nicht zuständig. Für den Tod von Schalentieren, Langusten und in der Hochsee verschwindenden Kreuzfahrtschiffen wäre ich schon zuständig, aber niemand könnte es beweisen.

Wenn ich einen Raucherarm hätte, wäre es nicht so schlimm. Wenn ich zwei Raucherarme hätte, wäre es nicht so schlimm. Wenn ich drei Raucherarme hätte, wäre es nicht so schlimm. Wenn mein Mann drohte, mich zu verlassen, nähme ich ihn in den Schwitzkasten, jahrelang, und legte nebenher die Wäsche zusammen.

Ansonsten wäre ich gerne eine Eintagsfliege. Nie müsste ich mich selbst optimieren. Nie müsste ich irgendetwas vorausplanen. Nie sagte meine Mutter: »Was willst du mal werden?«, oder: »Denk doch mal an morgen!« Es gäbe kein Morgen. Es gäbe keine Mutter, die wäre am späten Vormittag schon tot.

Nie fragten Freunde, ob ich wüsste, dass Low-Carb-Diäten das Leben verlängern oder ob ich mir die Nase richten lassen wolle. Ich hätte keine Nase. Ich hätte keine Freunde. Fantastisch. Ich müsste keine Entscheidungen treffen. Ein Leben wie in der DDR.

Ich müsste nicht wählen. Ich müsste mich nicht irgendwo engagieren. Ich würde fliegen. Da lang. Oder hocken. Und warten. Auf den Tod. Ich würde den ganzen Tag leben, als wenn es mein letzter wäre.

Draußen heulen die Heringe

Nichts ist herrlicher als Zelten. Der Wind pfeift um die Kuppel. Ein Käuzchen wimmert. Zwischen uns und dem unendlichen Weltall nichts als zwei Millimeter Stoff.

»Können wir bald reingehen?«, brummt Kirsten.

Im schwachen Licht der Straßenlaterne spähe ich zu ihr herüber. Nicht zu fassen, sogar im Mumienschlafsack macht meine alte Freundin eine blendende Figur.

»Also ich mag's«, verkünde ich und fühle mich in meinem Schlafsack wie eine Schmetterlingsraupe im Kokon.

»Du magst auch Barfußwandern und Mitmachen bei ›Hamburg räumt auf‹«, sagt Kirsten.

Zelten, ach, zelten. Wie oft waren wir früher mit Zelt unterwegs, Lisa, Kirsten und ich. Das waren Jahre. Vorm Eingang lagen unsere regennassen Doc Martens und die Körper unserer Verehrer, die sehnsüchtig am Reißverschluss zupften, die mitwildzelten wollten. Ihre heiseren Rufe, »Bitte, bitte«, höre ich noch heute.

Überall haben wir unsere Heringe hineingerammt. Auf einer Verkehrsinsel in Italien, auf gefrorenen Böden kurz vorm Polarkreis. Und auf Festivals, endlosen Festivals ...

»Wisst ihr noch, *Umsonst & Draußen*?«, frage ich.

»Ich wäre jetzt eher für Teuer & Drinnen«, sagt Kirsten.

Kirsten und Lisa liegen an den Außenseiten, ich in der Mitte.

Ich liege gerne in der Mitte. In der Mitte gibt es keine klamme Zeltwand. In der Mitte ist man am schnellsten auf dem Klo. In der Mitte kann man die Körperwärme der anderen abgreifen, aber nichts geben diese Knauserinnen heute ab.

Ich kuschle mich tiefer in den Schlafsack. Jetzt bin ich ein Fötus in der Gebärmutter.

»Wünscht ihr euch auch manchmal zurück in den Mutterleib?«, frage ich ins Dunkel.

»Voll kranker Gedanke«, sagt Kirsten.

»Ich hasse meine Mutter«, sagt Lisa.

Ich entscheide, den Gesprächsfaden nicht weiterzuspinnen, und greife nach der Thermosflasche, gefüllt mit Cola und Korn.

»Wildzelten ist so aufregend«, sage ich.

»Wir liegen im Garten deiner Eltern«, sagt Lisa.

Das ist wahr. Das muss so. Hier haben wir damals angefangen, hier knüpfen wir, knapp dreißig Jahre später, wieder an.

»Alles ist wie früher«, sage ich.

Verflucht, das sei ja das Schlimme, sagt Lisa. Es dürfe nicht wie früher sein. Alles müsse sich weiterentwickeln. Alles müsse anders sein. Besser, reifer, das Zelt größer, hochwertiger, wie langsam mal auch unsere Gespräche. Man dürfe die Jugendjahre nicht verklären. Was gewesen, ist gewesen, um es mit dem Klammerblueskracher »Ti amo« zu sagen. Kein Typ wird draußen am Reißverschluss zupfen, außer vielleicht dein Vater.

»Aber früher fandet ihr Zelten toll«, sage ich.

»Früher hatten wir keine Kohle«, sagt Lisa.

Mir kommt ein schlimmer Gedanke. Finde ich als Einzige von uns Zelten immer noch toll, weil ich als Einzige von uns immer noch wenig Geld verdiene?

Dabei ist es wirklich das Größte. All die großen, spannenden Fragen werden beim Zelten berührt: Kommt ein Sturm auf? Pulli oder Jacke als Kopfkissen? Wohin mit der Brille?

»Ach komm«, sagt Lisa und nimmt einen großen Schluck aus der Thermosflasche. »War ja schon eine nette Idee von dir.«

Und für Abenteuer sei sie grundsätzlich auch jederzeit zu haben. Gemeinsam naturnah übernachten: immer gern, aber das nächste Mal doch lieber in einer hübschen Hütte am Meer.

»Ich hole die Matratze meiner Eltern und Mutters Nachttisch, dann ist es Glamping«, sage ich.

»Wenn zelten«, sagt Lisa, ihre Fingerspitzen trommeln gegen die Zeltwand, »dann an einem aufregenden Ort. Im Wattenmeer bei Ebbe. Auf dem Grünstreifen vorm Bundeskanzleramt. Auf einer bröckeligen Felsnase hoch über dem Pazifik. Im Vorgarten von«, Lisa macht eine kleine, kunstvolle Pause, »von Sascha Odenthal.«

»Sascha«, wispert Kirsten. »Der hat doch hier in der Nähe irgendwo gebaut?«

»Sascha! Sascha!«, echoen wir. Ein heiserer Einwortkanon erfüllt auf einmal die Zeltkuppel. Alle waren wir in ihn verliebt.

Das ist es. Guerilla-Camping in Saschas Garten. Im Schutze der Dunkelheit rammen wir unsere Heringe in seinen Rollrasen und am Ende seiner hübschen Ehefrau ins Herz.

Allgemeine Begeisterung. Selbst Kirsten sitzt jetzt schnurgerade, die Thermosflasche in der Faust. Das wird die Nacht der Nächte, die letzte große Nacht vor der Menopause.

»Oh, oh«, sagt Kirsten. Jetzt erinnere sie sich. Sascha habe doch nicht gebaut. Er wohne in einer Wohnung, dritter Stock.

Wir stieren durch das gittrige Zeltfensterchen, betrachten die trostlose Nacht.

Kirsten schnipst mit dem Finger und sagt, sie müsse nachher vielleicht aufs Klo, aber bis zum Kellereingang meiner Eltern sei es entschieden zu weit.

»Dann pinkel halt neben das Zelt«, sage ich. »Dann nimm meinen Alukochtopf. Nimm meine Stiefel.«

Ich will, dass alle zufrieden sind. Das hier soll laufen.

Lisas Finger trommeln noch immer gegen die Stoffwand. Lisa sagt, es müsse jetzt langsam mal irgendwas passieren. Wenn wenigstens die Zeltstangen kippten. Wenn irgendwas zusammenbräche, das Zelt oder Kirstens Nerven. Wenn eine Ameisenstraße unsere Pläne durchkreuzte oder ein Jahrhundertgewitter heranrollte. Wenn unter uns eine Fliegerbombe aus Kriegszeiten schlummere, von niemandem entschärft. Wenn die Luft aus den Luftmatratzen entwiche. Das war ja früher immer das Interessante: Ist sie am Morgen platt oder nicht? Aber diese neuen Air-Comfort-Isomatten seien so scheiße robust. Sie aber wolle Abenteuer. Sie wolle Herzklopfen, Angst, Nervenkitzel und ein paar beneidenswerte Fotos für Facebook, ruft Lisa und reißt die Arme bis an die Zeltkuppe.

Da plötzlich: ein Ploppen. Etwas ist aufs Zeltdach gefallen.

»Ein Apfel«, jubele ich.

Es ist September, Fallobstzeit. Wir zelten unter Mutters Apfelbaum. Jetzt wird es doch noch ein Abenteuer.

Kirsten ist mittlerweile aus dem Gespräch ausgestiegen, wälzt sich in ihrem Schlafsack hin und her.

»Nichts da. Erst masturbieren, wenn die anderen schlafen«, erneuert Lisa die alte Regel.

Kirsten ist empört. Sie sei verheiratet, sie brauche solche

Surrogate nicht mehr. Sie schnalle lediglich ihre Bauchtasche unter dem Nachthemd fester, falls ein Einbrecher komme.

Kirsten hält inne, horcht.

Ob er nicht genau genommen schon da sei? Da sei doch ein Rascheln. Mit flatterndem Herzen hebt sie die Cola-Korn-Flasche, trinkt die Hälfte leer.

Dann höre ich es auch. Ein Rascheln im Gras. Es kommt näher.

»Sascha«, munkelt Kirsten.

»Der immer geile Norweger vom Sommer 1998«, mutmaßt Lisa. Ich mache mich für einen Axtmörder stark. Denkbar aber auch ein unterbezahlter Hermes-Paketbote, betrunken und verirrt.

»Oder Werner Kieser, der schimpft, dass die Isomatten unsere Rücken ruinieren«, zischt Kirsten. Das habe sie uns ja gleich gesagt.

»Ruhig Blut«, erklärt Lisa. Sie habe zwei Selbstverteidigungskurse absolviert und könne jedem Fremden in die Eier treten, auch durch den Schlafsack.

Das Rascheln ist jetzt sehr nah. Ein Ratschen am Reißverschluss. Ein Gesicht. Eine Taschenlampe.

Meine Mutter.

»Hallöchen, ihr drei Grazien«, sagt sie. Sie sei nur gerade so vorbeigekommen und wollte sehen, wie die Party sei. »Oder sagt man heute Sause?«

»Mama«, seufze ich. »Es ist fast Mitternacht. Wir sind vierzig. Wir sind autark.«

»Ja ja«, erwidert meine Mutter. Sie wolle nur sagen, vorm Zelt stünde eine frische Schale Erdnussflips. Und unsere Stiefel lägen noch im Gras. Es könne regnen.

Dann ist sie wieder fort.

Lisa robbt in ihrem Daunenschlafsack näher an meinen.

»Ist das kuscheln?«, frage ich.

»Notkuscheln«, erklärt Lisa. Das sei eine alte militärische Strategie, um der Kälte zu trotzen.

»Ich habe euch lieb«, murmelt Kirsten.

Ob sie betrunken sei, fragt Lisa.

Natürlich sei sie betrunken, antwortet Kirsten, sonst würde sie das nicht sagen. Und wo der Alukochtopf denn noch mal stehe, also nur für den Fall.

Wenige Minuten später schlafen die beiden ein. Im Schein meiner Stirnlampe sehe ich zu, wie ihre Gesichtszüge langsam entgleisen. Lausche ihrem Atem, der von Minute zu Minute ruhiger wird.

»Wer hat die schönsten Schäfchen? Die hat der gold'ne Mond«, versuche ich, mich selber in den Schlaf zu singen, und schließe schon mal die Augen, bin aber zum Schlafen noch zu wach und zum Masturbieren zu müde. Ich zähle Schafe. Ich zähle alle meine Jugendschwärme und komme auf 117. Ich zähle die Äpfel, die aufs Zelt fallen, und komme auf null. Ich hole die Erdnussflips ins Zelt. »Wer krümelt, stirbt«, höre ich Lisa in meinem Kopf sagen. Ich zähle die Erdnussflips, die in meinen Mund springen. Es sind 57.

Die rückkehrende Farbigkeit des Zeltstoffes indiziert, dass es draußen wieder hell wird. Ich schlafe ein.

Als ich am nächsten Morgen erwache, liegen die beiden noch immer friedlich schnorchelnd neben mir. Ich öffne die Zelttür, um Kaffee zu holen. Die Morgensonne strahlt. Eine Amsel singt. Der Rasen ist mit Tau benetzt. Der Alukochtopf ist randvoll. Geregnet hat es nicht.

Es verspricht, ein herrlicher Tag zu werden.

Finnland, erwache

Im letzten Jahr war ich im Urlaub in Finnland. Erkenntnis: Die Finnen sind eine wenig leidenschaftliche Nation. Sie interessieren sich für gar nichts, außer für Saunas, Eishockey, Wodka und Atomkraft, in aufsteigender Reihenfolge. Die finnische Liebe zur Atomkraft ist immens. Andere Nationen hatten nach Tschernobyl Panik vor verstrahlten Pilzen und gerieten erst mal ins Grübeln. Die Finnen genehmigten drei Wochen später das nächste AKW.

Das größte Atomkraftwerk Europas entsteht in Olkiluoto an der finnischen Küste. Die Gemeinde hat nichts dagegen. Kein Wunder, sie bewarb sich selbst. Als sie den Zuschlag erhielten, lagen sich die Anwohner in den Armen, so erzählt man sich, tanzten Ringelreihen, fuhren Autokorso die ganze Nacht. Eine alle mitreißende Pro-Atomkraft-Bewegung erfasste die ganze Region.

Die Finnen waren schon immer etwas anders. Ein Land, in dem es Chips mit Lakritzgeschmack gibt, in dem Donald-Duck-Hefte fast verboten waren, weil Donald darin keine Hose trägt, dessen Einwohner das Computerspiel *Angry Birds* erfunden haben und übrigens alle genauso scheiße gelaunt gucken – darf man sich da wundern?

Atomkraft ist ein Irrweg der Menschheit.

Jemand muss es diesem vernebelten Waldvolk sagen. Jemand muss sie bekehren. Wer, wenn nicht ich. Die Deutsche, das Merkel-Kind. Finnland, erwache! Zeit für die Gründung einer finnischen Anti-AKW-Bewegung, einer Massenbewegung, für die ich genau sieben Urlaubstage Zeit habe.

Beim Fischgeschäft in Rauma, der nächstgelegenen Kleinstadt des Kraftwerks, starte ich meine Mission. Ich betrete den hutzeligen, stinkenden, holzvertäfelten Laden. Ein halbes Dutzend Kunden steht stumm vor der Theke.

Rentieraugen, depressive Blicke, hohe Wangenknochen, manche sogar höher als die Augen, mehr Aki Kaurismäki geht nicht.

Die Ladentür fällt hinter mir ins Schloss. Ich räuspere mich. Streife alle Schüchternheit ab, dann lasse ich die Bombe platzen.

»Moi!«, rufe ich in die Runde.

Bleiche, hohläugige Trollschädel starren mich an. Kunden zucken zusammen. Ein altes Mütterchen im Pelzmantel umklammert ihre Einkäufe. Fremde Menschen einfach so grüßen, schon das gilt in Finnland als geisteskrank.

»Moi!«, wiederhole ich gnadenlos. Eine Silbe wie ein Peitschenhieb.

Danach starte ich mein Kreuzverhör, gehe in die Vollen.

»How do you like Ydinvoima?«

»Ydinvoima = Atomkraft«, das weiß ich dank Google Translate. Ich habe mir ein kleines Fachvokabular zusammengestellt.

Niemand reagiert. Nichts regt sich, nicht einmal die Pupillen. Nur ein Mann ganz links neben der Warentheke nickt. Ein älterer Mann mit Nilpferdnase. Er trägt eine Art gefütterten Saunabademantel aus moosgrünem Samt.

»Hyvin«, sagt er. »Hyvin« heißt »gut«. Zur Bekräftigung seiner Sichtweise hebt er einen Daumen nach oben.

Hab ich's mir doch gedacht. Zeit für einen kompromisslosen Konter.

»Paha«, pariere ich. »Paha« heißt »schlecht«. Mein deutscher Daumen saust wie ein Fallbeil nach unten.

»Ydinvoima – räjähtävä«, beschwöre ich. Das heißt »explosiv«. »Rääjäähtäävääa ...«

Vielleicht hat ihnen das einfach noch niemand gesagt. Vielleicht sind die Gefahren noch nicht bis hierhin gedrungen, hier oben kommt ja alles etwas später an, Europa, Menschenrechte, Monogamie.

Der Saunabademanteltrager schüttelt den Kopf, lässt sich nicht beirren. Jetzt muss ich schwerere Geschütze auffahren.

»Tschernobyl, Fukushima, Gudrun Pausewang«, skandiere ich in die quälende Stille.

Nun habe ich diese beratungsresistenten Sturköpfe aber am Wickel, diese Rentierfresser, diese Randexistenzen der EU.

»Finnland, verrecke!«, will ich rufen, finde aber keine Wörter. Mein Finnisch-Vokabular ist bereits erschöpft, aber das macht nichts, die Faustregel lautet: Einfach an jedes Wort ein i dranhängen, oder zwei.

»Radioaktivi«, erkläre ich, die Hände beschwörend gen Himmel gereckt.

»Krawummii«, krakeele ich.

Die Reaktion ist: geht so.

Jetzt hab ich aber genug. Jetzt muss ich alles, alles geben, um ihre Aufmerksamkeit zu erregen, sie aus ihren inneren Saunahäuschen zu locken. Ich recke die Brust, hole die hölzerne Rassel aus meinem Reiserucksack und lege los:

»Sein wa doch ma ehrlich – Atomkraft ist gefährlich!«

Die Verkäuferin krallt ihre finno-ugrischen Fischfinger noch tiefer in den Hering.

»Gegen die Spaltung von Mensch und Atom – für die soziale Revolution!«

Fellmütze hält sich die Ohren zu und singt ganz leise die finnische Nationalhymne.

»Hacken krallen, Schienen sägen: Dem Atomstaat Saures geben.«

Das alte finnische Mütterchen kratzt sich den Schorf von der Stirn.

Ich bin mir nicht ganz sicher, ob sie alles verstanden haben, und ergänze vorsichtshalber noch: »Super-Gaui, Super-Gaui – Niinistö ist 'ne dumme Saui«, wobei ich den Namen des finnischen Staatsoberhauptes elegant einflechte.

Niemand reagiert.

Vielleicht ist Poesie nicht ganz ihre Sprache. Ich versuche es prosaischer.

»Hey Leute, Atomkraft ist ein Irrweg. Irrwegii. Wie Sowjetunion. Wie gemischtgeschlechtliche Saunas. Wie Nokia-Handys!«

Ein einziges, ultimatives Argument habe ich noch im Ärmel: »Kommt, los Leute, unter Hitler habt ihr euch doch auch auf unsere Seite geschlagen.«

»Hitleri?« Das alte Mütterchen reckt interessiert den Kopf.

Sonst: Keine Reaktion.

»Ja, seid ihr denn alle besoffen, oder was? Drunken?«, rufe ich aus.

»Kyllä«, vermeldet die Fischverkäuferin hinter der Theke. Und das heißt auf finnisch »ja«.

So ist das also. Die sind hier alle hackedicht. Klar, schon elf Uhr, fast Mittag.

»Atomtod! Ökozid! Ihr werdet alle sterben!«

Mein letzter erschöpfter Versuch, sie wachzurütteln.

»Na und?«, sagt die Verkäuferin, jetzt in astreinem Englisch. »Wir sind Finnen. Wir mögen den Tod. Das ganze Leben warten wir auf den Tod. Atomtod, ja bitte!«

»Kyllä«, rufen alle im Chor. »Apokalypsi supi!«

Was soll man da noch sagen.

Irgendwer aus der lichtlosen Tiefe des Ladens reicht mir einen Salmiakki-Schnaps.

»Hölökyn Kölökyn«, zu Deutsch: »Prost«, raunt es von allen Seiten.

»Hölökyn Kölökyn«, murmle ich matt zurück und exe den lackschwarzen Höllentrank. Und dann noch vier.

Das Mütterchen fragt, ob ich gleich noch mitkomme zu Samis *Drinkin-Reikä*, zu Deutsch: »Samis Saufloch«.

Ich wiegle auf Englisch ab: »Nee, sonst bin ich zu betrunken. Ich muss heute Nachmittag noch Handzettel auf dem Marktplatz verteilen.«

Das Mütterchen nimmt meinen Arm und sagt, man sei im Leben für nichts zu betrunken, solange man noch auf dem Boden liegen könne, ohne sich festzuhalten. Altes finnisches Sprichwort.

Dagegen lässt sich nicht viel einwenden. Arm in Arm und reichlich knülli stapfen wir hinaus in den verschneiten Tag.

Liebeslied

Ein nasskalter Tag im März. Das Radio läuft. Taylor Swift singt, sie mag nicht die Spiele, die ihr Liebster mit ihr spielt. Im nächsten Lied verkündet ein Bursche namens Ed Sheeran, dass er gerade barfuß durchs Gras tanzt, dass er mich dabei in den Armen hält, dass ich toll in meinem Kleid aussehe und er mich gar nicht verdient hat.

Wie gerne würde auch ich ein Liebeslied schreiben. Ein richtiges, hitverdächtiges, kummerdurchtränktes Liebeslied mit allem Drum und Dran. Schade, dass ich nicht gut Englisch kann und kein Gefühl für Rhythmus habe, aber wenn, wäre der Inhalt ungefähr so:

Schade, dass es jetzt aus ist. Dass es jetzt aus ist. Dass es jetzt aus ist. Warum nur? Warum hast du mich verlassen?

Du warst die Liebe meines Lebens.

Es war so schön, so schön, so schön, so schön.

Mein Herz zerspringt.

Wie viele gemeinsame Erinnerungen wir teilen.

Und die Wohnung.

Oh Gott, die Wohnung.

Die ist doch noch lange nicht abbezahlt (haven't you thought about it?).

Wenn man die jetzt verkauft, werden diese Vorfälligkeitszinsen fällig, sagt mein Steuerberater (and it hurts, hurts, hurts).

An so einer Ehe hängt doch so viel dran.

»What cooonsequences it will haaave«, so lautet der Refrain, die einzelnen Silben qualvoll in die Länge gezogen wie die Kaugummis von Millionen Scheidungskindern.

Wie soll man die 2.457,57 Euro Barvermögen durch zwei teilen, die 1,80 Meter Kaltschaummatratze und die Kinder?

So vieles muss ich nun ändern, mein Leben und alle meine Passwörter. »Deinvorname123« kann ich jetzt wohl nicht mehr verwenden.

Wie geht es jetzt weiter? Was soll ich nur tun? Ich brauche doch Geschlechtsverkehr und einen Mann an meiner Seite auf allen Grundschulfesten, allein stehe ich die nicht durch.

So viel Schmerz. So viele Fragen.

Zum Beispiel, wo ich einen Nachsendeantrag stelle, einen für die Post und einen für mein Herz, weil das eine starke Metapher ist, weil das im Song richtig gut kommt. (An dieser Stelle muss ein Saxofonsolo rein und eine schlecht gestimmte Tuba für die passenden Molltöne, während ich im zugehörigen Musikvideo in diesem Augenblick zusammenbreche. Tränen benetzen meinen Pappordner mit der Aufschrift »Steuersachen Familie«.)

Und was wird aus der IKEA-Family-Karte, gilt die auch für Geschiedene, uuh baby?

Ich werde singen, dass jetzt alles aus ist. Weil alles im Leben mal ein Ende hat, außer dieses Lied, uuh baby, das geht noch 17 Strophen so weiter, das Lied, in das ich noch die eine oder andere dramaturgische Schleife einbaue, einen Exkurs über die körperlichen Auswirkungen beim Absetzen der Pille, die Vor- und Nachteile des Ehegattensplittings und die Haare auf deinem Rücken.

Das muss alles mit rein. Man muss die Hörer da abholen, wo sie sind, zum Beispiel die verarmten Latte-macchiato-Mütter. Nach der Trennung zurück zum Filterkaffee, das ist grausam, das muss man popkulturell erst mal verarbeiten.

Das muss alles rein in dieses Lied, dieses wahrhaftige Liebeslied. So authentisch, so lebensnah, nicht so ein schwammiger Scheiß wie die Lieder meiner Kollegen. Ed Sheeran wurde in echt doch noch niemals verlassen, sonst würde er nicht so vage herumeiern.

Schade, dass solche Liebeslieder nur selten im Radio gespielt werden, aber wenn, dann würden sich die Hörerinnen und Hörer sicher freuen.

Das letzte Kind

»Tür ist offen. Komm rein. Aber leise«, ruft meine Mutter in angestrengtem Flüsterton durch das offene Wohnzimmerfenster. Ich trete durch die angelehnte Haustür.

Da thront sie, auf ihrem riesigen Samtsofa, reglos wie eine Marienstatue und genauso selbstlos.

»Sie schläft«, informiert mich Mutter und zeigt auf ihren Schoß. Mutters Augen glänzen. Oh, wie sie glänzen. Schon lange haben ihre Augen nicht mehr so geglänzt.

Ich nähere mich auf Zehenspitzen, beuge mich hinab.

»Das ist sie«, flüstert Mutter.

Meine Mutter hat vier Kinder großgezogen. Jetzt hat sie ihr fünftes: einen Zwergpudel, acht Wochen alt.

Sanft schnarchend liegt das dunkle Knäuel in ihrem Schoß. Viele schwarze Haare bedecken Mutters Kleid.

»Das ist Sophie. Sophie Werner. Geboren am 20. November«, sagt Mutter.

»Skorpion«, sagt Mutter. Ihre Fingernägel kraulen den flauschigen Bauch.

Mutter sieht zufrieden aus, aber auch erschöpft. Es sei anstrengend, aber auch spannend, wieder so einen Winzling im Hause zu haben.

»Jedes Kind ist anders«, sagt Mutter.

Ich lasse mich aufs andere Sofaende sinken, nicke interessiert.

»Unser Nesthäkchen«, haucht Mutter. »Kein Wunder, dass sie so müde ist. Wir waren eben bei einer Lerngruppe. Agility-Training.«

In meiner Kindheit, damals, in den Achtziger-, Neunzigerjahren, hatten wir immer Hunde, oft zwei zugleich. Große, zottelige Hunde. Sie fraßen Schlachtabfälle, die wir für eine D-Mark pro Eimer beim örtlichen Metzger erwarben. Sie stanken, hatten verfaulte Zähne, sie wälzten sich in Scheiße, sie hatten Läuse, Würmer, verfilztes Haar und keinerlei Manieren, alles genau wie Mutters menschliche Kinder, bis auf die Schlachtabfälle.

Agility-Training, das Wort hallt in meinen Ohren noch eine Weile nach.

»So. Agility-Training«, sage ich. »Uns Kinder hast du nie zu irgendwelchen Kursen gebracht. Du hast immer gesagt, die Fahrerei sei dir zu anstrengend.«

Die Zeiten hätten sich eben geändert, sagt meine Mutter. Kindheit bedeute heute Hygiene, täglich duschen und fördern, fördern, fördern, um den Nachwuchs optimal vorzubereiten auf die Anforderungen des Lebens.

Mutter zupft sich eine schwarze Locke vom Kleid.

»Wie viele Haare sie schon hat.«

»Sie ist ein Hund«, sage ich.

Auf der Stirn meiner Mutter erscheint eine Falte.

»Ein Hund, ein Hund«, wiederholt meine Mutter.

Dieses unausgesprochene »nur« in meiner Äußerung mache sie ein wenig aggressiv. Das sei ihr, wie heißt das noch mal, zu anthropozentrisch gedacht.

Mutter breitet die Arme aus: »Ja, ich bin halt ein Helikopterfrauchen, na und?«

Sie sieht mich forschend an.

»Ah. Jetzt verstehe ich dich.«

Ihr Blick nimmt auf einmal etwas Weiches an.

»Sieh mal, da ist nun eben jemand Neues. Klar ist das erst mal gewöhnungsbedürftig. Nach dreißig Jahren eine neue Schwester, das ist natürlich nicht leicht.«

Ihr Blick wird noch breiiger, fast sämig: »Du bist doch immer noch mein kleines Kätzchen. Auch wenn da jetzt eben noch ein weiteres ist.«

»Du nennst sie Kätzchen?«, platzt es aus mir heraus: »Das ist absurd. Sie ist ein Hund!«

Unter den Händen meiner Mutter beginnt es zu vibrieren. Zwei schwarze Äuglein sind zwischen den Locken zu sehen.

»Jetzt hast du sie geweckt«, beschwert sich Mutter.

»Halli, hallo«, trällert Mutter: »Na, Schlafi fertig?«

Mutter schaut zwischen Sophie und mir hin und her.

»Sie hat deine Nase«, sagt meine Mutter. »Wie sie dich anguckt, na sieh doch mal. Sie mag dich. Sie schaut zu dir auf. Sie will sich an dir orientieren. Sag was Nettes. Sie braucht Zuspruch und Aufmerksamkeit.«

Mutter greift nach meiner Hand, legt sie auf das Fell.

»Macht doch mal was zu zweit. Bau eine Bindung auf. Nimm sie ein Wochenende zu dir.«

»Ha!«, sage ich und ziehe die Hand zurück. »Keine Woche in deinem Haus, und du willst sie schon wieder abschieben? Du ...«, ich will es nicht sagen. Und dann doch: »... Rabenfrauchen.«

Dem gekränkten Blick meiner Mutter kann ich nicht lange standhalten.

»Natürlich ist es schön«, rudere ich zurück, »dass du so gut beschäftigt bist. Dass du wieder einen Sinn im Leben hast, seit Papa nur noch seine Mineralien sortiert. Es ist schön, dass du glücklich bist. Dass du in deinem Alter noch mal jemanden gefunden hast, der alle deine Geschichten noch nie gehört hat.«

»Jaja, schon verziehen«, winkt meine Mutter ab. »Was ich nur sagen will, was mir wirklich wichtig ist: Individualität kennt keine Artengrenzen«, salbadert meine Mutter. »Persönlichkeit ist Persönlichkeit, Punkt. Sophie ist auch ein einzigartiger Erdenbürger. Und sie wird enden, wo wir alle einmal enden.«

»Und wo?«

»Im Familiengrab.«

Ich schnappe nach Luft: »In Omas gutem Familiengrab? Wo das Vieh alles vollhaart?«

Das geht zu weit.

»Ich werde dieses Strickknäuel niemals als Teil der Familie anerkennen«, hebe ich beide Hände zum Schwur. »Ich werde niemals mit ihr das Grab teilen. Sonst verscharr mich lieber hinter dem Komposthaufen, so wie du es mit unseren alten Hunden immer getan hast.«

Meine Mutter schüttelt den Kopf, krault Sophie.

»Sie glaubt, sie ist was Besseres«, tuschelt sie in ein Fellohr.

»Natürlich bin ich besser«, sage ich. »Ich habe Hände«, sage ich. »Ich kann in die Hände klatschen. Sie kann nichts. Sie kann nicht sprechen, sie kann nicht lesen, sie kann nicht mit Messer und Gabel essen.«

Mutter wendet ein, das könne man acht Wochen nach der Geburt auch wirklich von niemandem erwarten.

»Sie ist ein Hund«, sage ich. »Ein verweichlichter, gebrochener Wolf!«

Mutter hält Sophie die Ohren zu, flüstert: »Lass sie reden. Lass sie einfach reden.«

»Sie hat keine parallel stehenden Augen«, lege ich nach.

»Dafür ist ihre Zunge länger«, kontert meine Mutter. »Dafür kann sie bis zu acht Babys gleichzeitig säugen und jammert nicht, dass sie davon ausgeleierte Brustwarzen kriegt. – ›Oh, meine einst so hübschen Brustwarzen, oh!‹«

»Sie ist komplett behaart«, erkläre ich.

»Na, soo viel weniger Körperhaare hast du auch nicht«, spöttelt meine Mutter.

»Sie kann dich nicht auf ihre Hochzeit einladen, wo du am Brauttisch sitzen darfst. Sie kann keinen so fantastischen, gut aussehenden Schwiegersohn anschleppen wie ich.«

»Wart's ab«, sagt meine Mutter.

»Und sie kann nach 200 Millionen Jahren Evolution immer noch nicht aufrecht gehen.«

Okay. Sie kann doch aufrecht gehen, wozu Mutter sie jetzt auf dem Teppich ermuntert. Und das im Alter von acht Wochen. Aber nur drei Schritte. Was kann die alte Streberin noch alles?

»Bravo, Sophie«, jubelt Mutter.

»Sophie, Sophie«, würge ich heraus, »Sophie heißen privilegierte Bürgerstöchter mit zarten Wangen und versnobten Blicken, die immer alles kriegen!«

»Genau«, sagt meine Mutter.

Ein Argument habe ich noch.

»Du hast sie nicht geboren!«

Mutter stöhnt auf. Ob ich hier ernsthaft Adoptivkinder diskriminieren wolle?

Wie sie mich angrinst, diese freche Fellnase, mit ihrem süffisanten Lächeln, jetzt wieder auf Mutters Schoß.

Ich lasse mich zurück in die Sofapolster sinken, fühle mich ermattet.

»Mein Gott, wie du da zwischen den Kissen hängst«, sagt meine Mutter. »Agility-Training würde dir auch mal guttun.«

Mutter legt ihren Kopf leicht schräg, seufzt.

Sophie legt ihren Kopf leicht schräg, seufzt. Genau wie damals meine Geschwister, wenn sie sich mit meiner Mutter gegen mich verbündet hatten.

Ich muss hier dringend raus. Luftwechsel.

»Ich schaue mal kurz im Keller nach Papa«, sage ich, hieve mich aus dem Samtsofa und verlasse das Wohnzimmer.

»He, knall die Tür nicht zu«, höre ich durch die Tür eine eigenartig fremde Stimme, und ich frage mich, ob das jetzt wirklich die Stimme meiner Mutter war oder die von Sophie.

Beim Frauenarzt

Eigentlich wollte ich ja über etwas ganz anderes schreiben. Über das Sterben der Hummeln in Mitteleuropa oder die Wiedergeburt des Sozialismus im 21. Jahrhundert, aber dann war ich beim Frauenarzt, und da ist mir was passiert.

Ein Besuch beim Frauenarzt haut mich normalerweise nicht gerade um. Ich war schon oft beim Frauenarzt. Bei einer Frauenärztin war ich aus unerfindlichen Gründen noch nie, aber die männlichen kannte ich alle. Da war in meinen Jugendtagen dieser große Hagere mit den sehnigen Händen, die immer ein wenig nach Tabak rochen. Da war in meiner Studentenzeit der kleine Dicke mit den Knopfaugen einer Bisamratte, die neugierig über den Brillenrand lugten. Da war in meinen späten Zwanzigern jener belgische Schwätzer mit den fusseligen Augenbrauen und dem braunen Cordsakko, das, wartend auf den Feierabend, immer an seiner Garderobe hing.

In der Gemeinschaftspraxis, in die ich schon seit vielen Jahren ging, gab es seit Kurzem einen neuen Frauenarzt namens Dr. Hansen, den ich noch nicht kannte, vor dessen Tür ich gerade saß.

Mir war das egal. Frauenärzte kamen und gingen. Es waren Dienstleister, so musste man es sehen. Reingehen, ausziehen, Brust durchkneten, zwischen die Beine leuchten, anziehen, und tschüss. Es war nicht viel mehr, als am Flughafen durchgescannt zu werden. Stets lag ich langmütig da, und wenn es besonders langweilig war, las ich auf dem Gynäkologiestuhl heimlich SMS. Meine einzige Sorge war es bisher gewesen, auf dem Stuhl nicht zu pupsen.

Und dann das.

»Hey! Sie sind Frau Werner?«

Schon das kumpelhafte »Hey« ließ mich unangenehm zusammenzucken.

Dr. Hansen stand in der Tür, winkte mich herein. Er war jung. Verdammt jung. So jung wie ich und noch jünger. Ich wusste nicht, dass sie so jung sein konnten. Er trug einen Dreitagebart und eine zeitgenössische Brille. Und er hieß auch jung: Jan-Felix, wie sein Namensschild verriet.

Wir setzten uns am Tisch einander gegenüber, und ich fühlte mit einem Mal ganz deutlich die Vergänglichkeit des Lebens. Na so was, dachte ich. Mit Vollgas brettern die Jahrzehnte an einem vorbei, die Kalenderblätter rauschen durch die Finger wie ein zu kurzes Daumenkino, und die Frauenärzte sind plötzlich jünger als man selbst.

Ich spähte unter die Tischplatte. Sneaker. Auch das noch.

»Wie fühlen Sie sich?«

Dr. Jan-Felix Hansen lächelte mich freundlich an.

»Gerade sehr alt«, sagte ich.

»Witzig, auf dem Festival war ich auch«, sagte er und zeigte auf mein bedrucktes T-Shirt.

Dr. Hansen besah die Pickel an meinem Kinn und stellte fest, sie seien vermutlich »menstruationsgetriggert«.

Ich erschrak. Nicht wegen der Pickel, die waren mir auch schon aufgefallen, sondern wegen der Wortwahl.

Dr. Hansen informierte mich, falls ich eine neue Verhütungsmethode anstrebe, sei es wichtig, mir vorab alle »Pros und Cons« durch den Kopf gehen zu lassen.

Ich erschrak noch mehr.

Er fragte nach der Regelmäßigkeit meiner Menstruation.

»Läuft bei mir«, versuchte ich, mich jugendsprachmäßig auf sein Level zu begeben, und hasste mich dafür im selben Moment.

Er sagte, die Pille jeden Tag immer zur selben Zeit einzunehmen, sei natürlich eine »Challenge«. Oder ob ich einer dieser »Verhütungsjunkies« sei?

Und ich dachte, wenn er jetzt noch von Billie Eilish anfängt, verlasse ich die Praxis.

Er war ein netter Mann, keine Frage. Ich hätte mich gerne mit ihm unterhalten, in einem anderen Zusammenhang. Nächtelang könnten wir zusammensitzen und über E-Bikes diskutieren oder diesen einen neuen feministischen Film. Wir könnten zusammen Haschplätzchen backen oder turkmenisches Tanztheater angucken, aber ich lasse mir von diesem dreißigjährigen Jungspund nur ungern erklären, wo mein Uterus ist.

Ich möchte nicht, dass mein Frauenarzt auf seinem Schreibtisch eine Spotify-Playlist geöffnet hat, und Himmel, was für eine gute. Ich möchte, dass mein Frauenarzt CDs hört. Viele CDs, am besten Doppel-CDs, und die CDs – lass es Brian Eno oder Bruce Springsteen sein – zieht er andächtig aus seinem turmhohen CD-Ständer in seiner verwitterten Villa am Stadtrand. Ich will, dass er weiße Haare in den Ohren hat. Ich will, dass er aussieht wie Meister Eder oder Frank Elstner.

Ich möchte, dass mein Frauenarzt am Abend ein gutes Gläschen Genever trinkt und sich im Anschluss *Gynäkologie zwischen gestern und morgen – die große Dokumentation* nicht reinzieht, sondern anschaut, auf VHS-Kassette, durch seine daumendicken Brillengläser, und dabei Erdnussflips nicht wegsuchtet, sondern isst, verdammt noch mal einfach isst.

Nach dem dritten Glas Genever flucht er ein Weilchen auf seine nichtsnutzigen Sprechstundenhilfen im Besonderen und das dritte Jahrtausend im Allgemeinen. Gegen Mitternacht verfasst er eine lange Rundmail an den örtlichen Rotary Club oder einen seiner hintersinnigen Aphorismen, für die er schon seit drei Jahrzehnten einen Verleger sucht.

»Herein in die gute Stube«, sagt er routiniert, sobald ich sein Behandlungszimmer betrete. »Wie geht es uns denn so?«, sagt er als Nächstes und »Auf Wiedertschüss« am Schluss. Liebevoll gerahmte Fotos von seiner Frau, seinen Kindern und Enkeln bevölkern seine Regalwand, und alle Enkel sind älter als ich.

Natürlich erzählt er zwischendurch Witze. Unfassbar schlechte, teils schlüpfrige Witze, so wie der Frauenarzt in meiner Heimatstadt, der auf dem Schreibtisch stets eine Kaffeetasse mit Brüsten darauf stehen hatte, Frauenärzte dürfen das. Meinetwegen kann er auch ein bisschen psychopathisch sein. Gynäkologen neigen dazu, davon hat man gehört.

»Frau Werner?« Eine gerade dem Stimmbruch entkommene Jungmännerstimme riss mich zurück in die Gegenwart. Dr. Jan-Felix Hansen sagte, wir kämen nun zum nächsten Programmpunkt auf unserer Setlist: »Brustkrebsvorsorge. Machen Sie sich bitte obenrum frei, das wär' nice.«

Da wurde mir etwas schlecht. »Ausziehen?«

Er lachte, als sei ich Jan Böhmermann und das Gesagte ein Bonmot von pointenstarker Wucht.

»Ja genau, ausziehen«, wiederholte er. »So wie Lena Dunham in *Girls*, wenn sie wieder mal nackt durch die Wohnung läuft.«

Ich sah mich um und dachte darüber nach, aus dem Fenster zu klettern, aber es war der vierte Stock. Ich dachte darüber nach, mich in einem der weißen Schränke zu verstecken, aber sein Ultraschallgerät würde mich vermutlich finden.

»Frau Werner, hallooo?«, fragte er, als ich barbusig und mit geschlossenen Augen vor ihm stand.

»Ich bin nicht mehr da«, sagte ich.

Und wenn ich gleich beim Abtasten plötzlich hysterisch kichern müsse, dann nur, weil ich sehr kitzelig sei, besonders am Brustgewebe.

Ich habe mir kurz darauf einen neuen Frauenarzt gesucht. Einen buckligen Alten mit Gebiss, der nicht mehr viel versteht und mich aus seinen milchig verklebten Augen schief angrinst. Ein Mann von Würde und Respekt. Er scheint halb blind, und sein Vaginalspekulum stammt aus dem 19. Jahrhundert. Er hat mir eine Stahlspirale verschrieben, ummantelt mit Asbest.

Jetzt gehe ich wieder gern zum Frauenarzt.

Gute Vorsätze

Ich würde gerne mal was Fieses machen
Telefonscherze, Klingelstreiche, so Sachen

Ich könnte schlafende Männer in der Bahn durchkitzeln
und Veganer eingraben in einem Sarg aus rohen Schnitzeln

Ich möchte, egal wen, in die Blumenbeete schubsen
oder anderer Leute Zahnbürsten benutzen

Ich würde gerne jemandem vor die Füße reihern
oder gleich dem ganzen Freistaat Bayern

Ich möchte in den Straßen wildfremden Frauen »gesteh'n«:
»Sorry, ich hab mit Ihrem Mann geschlafen, war schön!«

Ich streute in jedermanns Betten Flöhe
mit einem lieben Lächeln, für die Fallhöhe

Ich könnte ganz Dänemark annektieren
und alle Fahrradklingeln abmontieren

und wird mir, dass ich das war, keiner glauben
werd ich noch die Ventile aufschrauben

Ich machte kaputte S-Bahn-Sitze noch kaputter
aber geht nicht, ich bin ja immer nette Frau und Mutter

Fünfundneunzig Prozent

Ich finde meine Mutter hinter den Rosenbüschen, in ihrer neuen, schicken Gartenlaube, dem Rückzugsraum der gereiften Frau ab sechzig. Etwas ist anders, das sehe ich gleich an ihrem aufgewühlten Blick. Seltsam lässig sitzt sie in ihrem weißen Korbsessel, die Füße auf dem Tisch. In den Händen hält sie ein Buch. Schon das ist ungewöhnlich. Dann entziffere ich den Titel und staune noch mehr: »Das andere Geschlecht« von Simone de Beauvoir. Verschiedenfarbige Klebezettel stecken darin wie ein Strauß bunter Blumen. Diesen Klassiker feministischer Literatur habe ich ihr vor Jahren zum Geburtstag geschenkt.

»Du hast das Buch gelesen«, freue ich mich. »Das hätte ich gar nicht gedacht.«

Natürlich habe sie das Buch gelesen, sagt meine Mutter und hebt die Füße vom Tisch. Zugegeben, sie habe zunächst nichts Besseres im Regal gefunden. Dann habe sie den vergessenen Schinken aus der zweiten Reihe gezogen, verstaubt hinter den Kochbüchern.

Ja, sie habe das Buch gelesen. Ganz. Und dann noch einmal von vorn. Und dann habe sie sich noch die da besorgt, sagt meine Mutter und zeigt auf einen geflochtenen Korb. Buchtitel wie »Das Unbehagen der Geschlechter« und »Feminist Fight Club« ragen daraus hervor.

Die Lektüre habe so drei, vier Wochen gedauert. Drei, vier

Wochen der inneren Einkehr und Besinnung, sagt meine Mutter gedankenschwer, ja der ganz persönlichen Transformation.

Sie rückt mir den zweiten Korbsessel zurecht, schiebt ihn dicht an ihren.

Sie habe jetzt so einiges verstanden. Ihr sei jetzt so einiges klar geworden.

»Es ist wahr«, sagt meine Mutter und sieht mir fest in die Augen: »Wir leben doch wahrhaftig in einem Patriarchat.«

Sie legt das Buch auf die Tischplatte und hebt die rechte Hand zum Schwur. Eines sei mal sicher: »Nie wieder werde ich die Socken deines Vaters bügeln!«

»Du hast Papas Socken gebügelt?«, frage ich.

»Und Unterhosen und Stofftaschentücher«, räumt sie kleinlaut ein. Aber damit sei jetzt Schluss. Nie mehr werde sie für Vati vorkochen. Und nie mehr »Vati« zu ihrem Mann sagen.

Meine Mutter sitzt da, versunken in mehrere pastellfarbene Kissen und ihr eigenes Lebenslos. Eine Weile krault sie Pudel Sophie unterm Tisch. Dann blitzen ihre hellen Augen auf.

Sie habe sich die Sache gründlich überlegt. Sie wolle jetzt auch Feministin werden. Sie wolle jetzt auch mitmischen. Wann, wenn nicht jetzt. Damals, in den Siebziger-, Achtzigerjahren, da habe sie das Thema irgendwie verschwitzt. Damals habe sie nicht so recht aus der Deckung gewollt, aus Angst vor Damenschnurrbärten, lila Latzhosen und irren Doppelnachnamen. Heute aber ginge alles zusammen: gut aussehen und Feminismus, teure Handtaschen und Feminismus, CDU-Mitgliedschaft und Feminismus ...

Sie sieht mich erwartungsvoll an.

Ich bin überrascht, aber auch erfreut. Endlich, ein einziges Mal, bin ich meiner Mutter in einem Thema eine Nasenlänge voraus.

»Toll, Mama«, sage ich, das fände ich ganz toll. Es sei nur noch etwas ungewohnt. Früher, also bis letzten Monat, habe sie vieles anders gesehen, zum Beispiel Elternzeit nehmende Männer. Oder Frauen in Jeans.

»Jaja«, winkt Mutter ungeduldig ab, »und Mütter, die ihre Kinder in die Krippe geben, als herzlose Mannweiber gegeißelt, ich weiß. Alles Schnee von gestern.«

Jetzt müsse sich alles, alles ändern. Sie brauche jetzt eine neue Frisur, feminin und forsch zugleich – vielleicht die von Margaret Thatcher? Sie brauche ein eigenes Konto, das eisige Lächeln von Marietta Slomka und unbedingt ein Nieten-Stachel-Halsband für Sophie. Sie wolle ihren hübschen Mädchennamen zurück. Sie wolle sich die Oberlippenhärchen wachsen lassen, so lang und buschig wie Frida Kahlo. Sie wolle Freiheit, Selbstbestimmung und das sagenumwobene Sexualleben von Simone de Beauvoir!

Meine Mutter gerät in Bewegung, wirft den Teekocher an, der zwischen Kochplatte und einer Ansammlung von Weinflaschen steht. Grübelnd geht sie auf den acht Quadratmetern ihrer Laube auf und ab.

So vieles gelte es jetzt zu bedenken. So viele Fragen seien noch offen: Muttertag – blöd oder gut? Wenn sie ihrem Mann den Rücken kraule, ist das schon unbezahlte Care-Arbeit? Kann man heute noch BHs verbrennen, oder sind die nicht inzwischen alle aus umweltschädlichem Polyamid? Muss sie jetzt die Kolumnen von Harald Martenstein hassen? Der sei doch manchmal ganz witzig. Der hätte immerhin eine Meinung. Apropos Meinung, sie habe da eine Idee ...

»Klopf klopf, die Damen! Darf ich eintreten?«

Die arglose Stimme meines Vaters durch die Laubentür.

»Hallo, Vati! Ähm, Gert«, ruft meine Mutter erschrocken. »Geh du mal wieder ins Haus, wir kommen gleich. Wir haben hier gerade was Wichtiges«, sie zwinkert mir zu, »zu besprechen. Essen gibt's später!«

»Du hast da eine Idee ...«, wiederhole ich. »Mama, du warst gerade mitten im Satz.«

»Pssst, nicht so laut«, flüstert meine Mutter.

»Moment mal«, sage ich. »Du willst Feministin sein, und Papa darf es nicht wissen?«

»Noch nicht jetzt«, beschwichtigt sie. Gut Ding wolle eben Weile haben. Sie lauscht den Schritten, bis das Gras sie verschluckt.

Einträchtig trinken wir einen Tee, *Yogi Tea Frauen Power*. Ich freue mich. Von nun an haben wir wieder ein gemeinsames Thema. Von nun an sitzen wir wieder im selben Boot. Von nun an kann ich mich mit ihr gegen meinen Vater verschwören, und gegen meine Brüder noch dazu.

Ich könne ihr mehr Bücher zum Thema besorgen, schlage ich vor. Zum Beispiel dieses neue Sachbuch über finnische Frauenrechtlerinnen im späten neunzehnten ...

»Lesen?«, sagt meine Mutter und hebt eine ungezupfte Augenbraue. Nein, sie habe jetzt genug gelesen. Dafür habe sie künftig keine Zeit. Theoretisieren könnten andere. Andere wie ich. Sie selber sei mehr für die Praxis. Taten statt Worte, oder um es mit der chilenischen Frauenallianz zu sagen, der sie gestern Nacht im Internet beigetreten sei: »Acciones, no palabras! Ach ja, und um auf die erwähnte Idee zurückzukommen ...«

Verschwörerisch blickt sie zwischen Sophie und mir hin

und her, als sei dies keine Fertiggartenlaube aus dem Baumarkt, sondern ein konspiratives Hinterzimmer der RAF.

Sie habe da gerade von einer überaus interessanten Forderung gelesen: Parität. Eine Frauenquote in sämtlichen Unternehmen und Subunternehmen, in Ministerien und Verbänden. Das wäre doch ein Ziel, für das es sich zu kämpfen lohne!

»Ah, ganz neue Idee«, sage ich und spiele mit den Troddeln eines Kissens mit der Aufschrift »Never stop dreaming«.

»Fünfundneunzig Prozent«, sagt Mutter und gießt so zackig frisches Teewasser in meine Tasse, dass sie überschwappt.

»Mama«, sage ich. »Das mit der Parität hast du irgendwie falsch verstanden. Hundert Prozent geteilt durch zwei, das sind ...«

»Fünfzig Prozent«, gähnt Mutter. »Ja, damit gebt ihr euch vielleicht zufrieden, ihr niedlichen Feelgood-Feministinnen deiner Generation. Ich nicht.«

»Feelgood-Feministin? Niedlich?« Jetzt reicht es aber. »Mein lieber Schwan ...«

»Schwänin«, sagt Mutter. »Haha, du bist so inkonsequent«, freut sie sich. Das eisige Lächeln von Marietta Slomka hat sie bereits drauf.

Jetzt gilt es, einige Dinge geradezurücken.

»Das Einzige, was hier niedlich ist«, sage ich, »ist dein spät erblühter Altersfeminismus. Und überhaupt: Das ist eigentlich mein Ding, Mama. Das ist mein Feminismus. Das ist meine Bewegung. Such du dir einen anderen Zeitvertreib. Geh Enten füttern, färb dir die Haare violett, kauf dir einen Treppenlift, und fahr die Treppe hoch und runter. Das ist meine Generation. Das ist meine MeToo-Debatte. Deine ist verjährt.«

»Deine Generation?«, schrillt Mutter. »Wer hat denn seine BHs öffentlich verbrannt und die Machos vom Sozialistischen Studentenbund mit Tomaten beworfen?«

»Nicht du, Mama, nicht du«, schnaube ich. »Du hast die Tomaten *in* den Topf geworfen, ehe du mit deiner Persil-Flasche durch den Garten getanzt bist und Martinis gekippt hast bis zum Umfallen.«

»Weil ich euch am Rockzipfel hatte«, kontert Mutter. »Dich und deine Geschwister!«

Wir schweigen.

»Tolle Frauensolidarität«, grummelt meine Mutter. »Und jetzt hören wir besser mal mit dem Streiten auf. Sonst wird das mit dem Matriarchat nie was. Sonst enden wir noch wie die Sozialisten: in Aberhundert Grabenkämpfen miteinander verkracht.«

Eine Woche später.

»Hallo, Ella!« Meine Mutter ist am Telefon. »Es gibt Neuigkeiten. Dein Vater. Ich habe ihm meine Meinung gegeigt. Er weiß jetzt Bescheid.«

Sie macht eine Pause. »Und stell dir vor, er begrüßt alles voll und ganz. Er will jetzt auch Feminist werden!«

»Ähm«, sage ich. »Moment mal«, sage ich. »Wie äußert sich denn das? Wird er ...«

»Sekündchen, ich stelle auf Lautsprecher.«

Im Hintergrund skandiert die Stimme meines Vaters: »Rollendenken? – Hahaha! Röcke sind für alle da!«

»Ah, hallo, Papa«, sage ich. »Das fällt dir jetzt ein, nachdem du dich die letzten vierzig Jahre beruflich ausgetobt hast, auf dem Rücken deiner Frau?«

»Besser spät als nie – Frauenanarchie!«, sprudelt es aus dem gealterten Karrierehengst unbeschwert hervor.

»Was wir dich fragen wollten«, ruft Mutter. »Am Wochenende ist hier in der Kellerbar der Volkshochschule ein Treff der Autonomen Haueninitiative. Du kommst doch gerne mit?«

Irgendwie hatte ich auf Feminismus schon mal mehr Lust.

Ich sage, dass ich leider schon etwas vorhätte. Meinem Mann neue Socken kaufen.

»Na gut, musst du wissen«, stutzt Mutter, aber nur kurz, dann wird sie wieder munter. »Ich muss jetzt auch schon wieder Schluss machen. Wir haben heute noch was Wichtiges vor. Wir verbrennen hier gleich das Bügeleisen und unsere Eheurkunde!

»Und meine Geburtsurkunde bitte noch dazu!«, rufe ich ihr noch hinterher, aber da hat sie bereits krachend aufgelegt.

Wo es wehtut

Natürlich haben mein Bruder und ich früher Doktorspiele gespielt. Eigentlich immer. Wenn mein Bruder den weißen Spielkittel anzog und ich auf meinem Kinderbett lag, war die Vorfreude groß.

»Ah, der Patient«, sagte mein Bruder mit tiefer Doktorstimme.

»Wo drückt denn heute der Schuh?«

Das war mein Stichwort. Ich faltete die Hände und setzte eine gequälte Miene auf, das konnte ich gut.

»Ich höre Stimmen im Kopf, habe Schuldgefühle und empfinde eine große innere Leere.«

»Hm, hm. Verstehe, verstehe«, nickte mein Bruder. »Dann wollen wir mal sehen ...«

Er tippte mit dem Zeigefinger auf mein Herz.

»Tut es weh?«

»Ja, besonders wenn ich an meine traurige Jugend denke.«

Den zwölfteiligen Arztkoffer von Fisher-Price verwendeten wir eher selten. Stethoskop, Thermometer und Kniehammer konnten wir kaum gebrauchen, außer die Pillendose. Ein Husten war nebensächlich. Fieber ging vorüber. Wir wussten, wo es wirklich wehtat. Was war Nasenbluten gegen ein blutendes Herz? Was ein einfacher Ratscher gegen eine seelische Narbe?

Alles, was wir über das geheimnisvolle Innenleben der

Menschen wussten, wussten wir von unserem Vater. Er arbeitete als Psychotherapeut in einer Nervenklinik. Durch ihn erschloss sich uns eine neue Welt. Eine Welt voller Schmerz, Siechtum und Folterqualen, von denen man von außen nichts sah. Das war spannend.

Meine Grundschulfreundinnen lebten in dem Glauben, man lebte und liebte und aß und starb im Kreise seiner Lieben. Sie wussten nichts. Ich wusste alles. Es war eine Welt voller Abgründe und Kompliziertheiten, die mich immer stärker anzog, je näher ich der weiterführenden Schule kam.

Wenn mein Bruder und ich einander austherapiert hatten und unsere jüngeren Geschwister in eine geschlossene Abteilung in Gestalt der Putzkammer überwiesen worden waren, wandten wir uns anderen Patienten zu.

Die Tigerente hatte Identitätskonflikte. Ein Steiff-Teddy war gebeutelt von Selbstzweifeln. Dem Monchhichi gelang es nicht, sich von seinen Eltern abzugrenzen. Unter den Happy-Hippo-Figuren gab es soziale Spannungen. Ernie und Bert konnten miteinander nicht über ihre Gefühle reden. Wenn Gespräche nicht halfen, mussten wir zu härteren Therapiemethoden greifen, dann ließ sich emotionale Kälte auch mit einem gut vorgeheizten Bügeleisen lindern, und bei völligem Antriebsmangel half nur noch ein beherzter Sturzflug vom Balkon.

Von einer »unbeschwerten Kindheit« redeten Erwachsene oft. Auf Kindergeburtstagskarten prangten lustig bunte Ballons und Smileys. »Kinderjahre sind die schönsten Jahre«, wollte uns die Pastorin im Kindergottesdienst weismachen. Die Gute hatte keine Ahnung. Kindheit? Das war ein dunkles, labyrinthisches Verlies. Ein Hexenwald, lichtlos und voller Gefahren. In der Kindheit wurden die Weichen gestellt. Ein paar Jahre Vernachlässigung, eine instabile Bindung, ein unverarbeiteter Konflikt, und zack, war alles dahin. Pippi Langstrumpf blieb mir fremd. Nie erwachsen werden wollen? Das Ziel war eher, so schnell wie möglich rauszukommen aus diesem Höllenloch an verwirrenden Gefühlen, Ängsten und emotionaler Abhängigkeit.

Mein Bruder wendete sich mit den Jahren anderen Themenfeldern zu. Soldaten und Superhelden waren jetzt seine Steckenpferde, kurz, die äußere Welt. Ich blieb allein am Ball.

»Liebes Tagebuch«, notierte ich am Abend. »Heute der Mathe-Test war so lala und die Orchesterprobe eher langweilig. Aber Janine hat mich auf dem Schulweg so finster angeguckt = Paranoia?«

Sämtliche Nachbarn nahm ich unter die Lupe, besonders die Frauen. Viele von ihnen saßen den halben Tag hinter den Gardinen, hatten keine Arbeit. War es Antriebslosigkeit? Oder Versagensangst?

Leider sprach mein Vater mit uns Kindern nur sehr allgemein über seine Patienten, niemals konkret. Ich bettelte nach Namen, Eckdaten, klinischen Diagnosen im Wortlaut. Statt Rollschuhen oder einem Pony wünschte ich mir zum zehnten Geburtstag ein Polaroid von jedem seiner Patienten, wenigstens von diesem einen mit der gespaltenen Persönlichkeit, von dem mein Vater manchmal leise mit meiner Mutter sprach und verstummte, sobald ich in der Tür stand.

»Patientengeheimnis«, orakelte er dann, der alte Wichtigtuer, und hüllte sich in Schweigen, sich seiner Bedeutsamkeit voll bewusst.

Eines Nachmittags, ich war fünfzehn, kam ich nach Hause. Meine Augen waren gerötet, die Wimperntusche verlaufen von den Schläfen bis zum Kinn. Mike hatte mich verlassen. Wir wollten heiraten, und jetzt war alles dahin. Tränen troffen auf das Sofaleder. Meine Mutter nahm mich in solchen Fällen in den Arm, murmelte beruhigende Worte und verfluchte sämtliche Männer des Erdballs. Aber meine Mutter war beim Kirchenchor.

Mein Vater, gerade aus der Klinik heimgekehrt, über dem karierten Hemd seine geliebte Lederkrawatte, setzte sich neben mich und legte mir etwas steif eine Hand auf die Schulter.

»Das ist nicht schön«, nickte er, sah auf seine löchrigen Socken und dachte eine Weile nach. »Aber weißt du, ich hatte mal eine Patientin, die wurde ständig von ihrem Freund sitzen gelassen, bis zu sechs Mal pro Jahr. Immer von demselben. Sie hätte sich einen neuen Partner suchen können, aber sie hatte panische Angst, vor die Haustür zu gehen. Deshalb blieb sie, wo sie war, und ließ den Trottel wieder ins Haus, immer und immer wieder. 17 Jahre lang, bis zu seinem Tod.«

Wenig später kam ich mit einer Fünf in Englisch nach Hause.

»Das ist schlimm«, sagte mein Vater. »Aber nicht so schlimm wie das Los eines früheren Patienten, ein angehender Physiklehrer mit Prüfungsangst. Zweimal war er bereits durch die Abschlussprüfung gerasselt. Beim dritten Mal ist er vor Angst aus dem zweiten Stock des Physiktrakts gesprungen. Heute stapelt er Getränkekisten in der Metro.«

Es war seine Art, mich wieder aufzumöbeln, und, oh Wunder, es wirkte. Es gab Menschen, die noch schlimmer dran waren, und das war verdammt tröstlich. Eines lernte ich: Egal wie dreckig es einem ging, es gab immer jemanden, dem es noch dreckiger ging, und mein Vater wusste, wem.

Jahre später jammerte ich, wie anstrengend es mit zwei Kleinkindern sei.

»Kopf hoch! Ich hatte mal eine Patientin, die hatte sieben Kinder von sechs Männern, eins davon kokainabhängig. Sie war alleinerziehend und arbeitete als Altenpflegerin im Schichtbetrieb. Hat sich irgendwie durchgebissen, aber leicht war das nicht.«

»Ich meine ja nur«, schob ich nach. »Ich mache mir immer so viele Gedanken. Mit Kindern kann man so viel falsch machen.«

»Da hast du allerdings recht.«

Als ich meine erste Lesung hatte, kamen sieben Leute, und niemand hat gelacht. Wieder daheim war es nach Mitternacht, und ich wollte meinen Vater nicht aus dem Bett klingeln. Da fiel mir ein, wie er einmal von einem Patienten erzählt hatte, der als Trauerredner tätig war und einen starken S-Fehler hatte. Wann immer er den Mund aufmachte, wieherten die Leute los. Mit dieser grauenhaften Vorstellung schlief ich friedlich ein.

Lebensfreude

Früh am Morgen in der S-Bahn. Auf dem Weg zum Hauptbahnhof betrachte ich zärtlich meine Mitmenschen. Viele müde Gesichter sind über viele Smartphones gebeugt. Einige Leute haben Kopfhörer auf. Andere gähnen. Augenlider hängen auf Halbmast. Lebensfreude sieht anders aus.

Nämlich so wie die Frau, die beim nächsten Halt zusteigt. Ihre schwarze Bobfrisur ist ein wenig verstrubbelt. Sie trägt einen lila Wollrock und darüber einen knallgelben Pullover. Vermutlich ist sie nicht schon wach, sondern immer noch, seit Stunden, vielleicht Tagen, so aufgekratzt, wie sie guckt. Sie lässt sich auf einen freien Sitz fallen, wirft Arme und Beine von sich. Ein Grinsen, von einem giftgrünen Hängeohrring zum anderen.

»Oh Mann. Das war was«, erhebt sich ihre kräftige, aber auch raue Stimme durchs Abteil. »Leute, hört mal alle her. Ich habe die ganze Nacht gefickt!«

Körper zucken zusammen, Lippen kräuseln sich. Die meisten Leute beugen ihre Gesichter noch tiefer über ihre Smartphones. Jemand kichert. Das bin ich.

»Was für eine Nacht«, fährt die Schwarzhaarige munter fort. »Gefickt, gefickt, gefickt!«

Zufrieden lehnt sie sich zurück, schließt für Momente die Augen, nur um sie kurz darauf wieder aufzureißen, noch strahlender als zuvor.

»Nicht zu fassen. Ich sage es euch. Was für ein Geficke!«

Ihr Ellenbogen knufft gegen die Schulter des Anzugträgers auf dem Sitz neben ihr.

»Aha. Soso«, murmelt dieser, um irgendwas zu sagen.

Alle, aber auch wirklich alle starren jetzt auf ihre Smartphones. Wer irgendwo noch ein Paar Kopfhörer oder Kaugummis findet, steckt sie sich in die Ohren.

Außer dieser Frau mir gegenüber. Vielleicht hat sie keine Kopfhörer. Sie lässt ihr Smartphone sinken. Ihr blondes Haar ist hochgesteckt. Sie trägt einen schwarzen Hosenanzug und hat einen strengen Blick. Typ Grundschuldirektorin. Sie räuspert sich.

»Das reicht jetzt. Hören Sie bitte auf. Das interessiert hier keinen.«

»Doch. Den da, so wie der guckt«, wirft die Schwarzhaarige nicht zu Unrecht ein und zeigt auf einen älteren Herrn im grauen Blouson am Fenster, der über den Rand seines Telefons lugt. »So große Ohren! Gefickt, gefickt ...«

»Ich bitte Sie«, ereifert sich die Blonde. »Jetzt halten Sie doch ...«

»... gefickt!«

Rastlos rutscht die Schwarzhaarige auf ihrem Sitz hin und her. Ihre Pupillen sind ungemein groß. Ich tippe auf aufputschende Drogen.

Die Blonde tippt jetzt vielleicht auch auf Drogen, denn ihr Tonfall nimmt auf einmal etwas Nachsichtiges an.

Natürlich, sagt sie ruhig, mache man im Leben auch mal außergewöhnlich spannende Erfahrungen. Natürlich habe man dann ein erhöhtes Mitteilungsbedürfnis. Aber ob sie das Erlebte nicht doch für sich behalten könne?

Die Schwarzhaarige erwidert, leider nein, das könne sie

nicht. Sie könne nicht die Klappe halten, übrigens auch nicht beim Ficken. Nie könne sie dabei die Klappe halten, niemals!

Sie verschränkt die Arme vor der Brust: »Ich fick halt gern. Was dagegen?«

Die Blonde, jetzt unerwartet in der Defensive, sagt, sie habe natürlich rein gar nichts dagegen, Gott bewahre, jeder nach seiner Fasson. Sie fände es ja auch gut, wenn eine Frau so freimütig zu ihren sexuellen Bedürfnissen stehe. Aber damit müsse man ja nicht gleich an die Presse gehen.

»Haha, gute Vorstellung«, lacht die Schwarzhaarige. »Ich sehe schon die Schlagzeile vor mir: *Frau fickt Mann ins Koma. War es Samenraub?* Also in der Bild. Im SPIEGEL stünde wohl eher: *Und morgen das ganze Land? Wenn Ficken zur Sucht wird.* Und im ZEIT-Magazin ...«

»Hier sitzen Kinder«, ruft die Blonde und zeigt auf eine Familie zwei Reihen weiter. Auch die Kinder haben Kopfhörer auf.

»Gefickt, gefickt, gefickt«, stänkert die Schwarzhaarige fröhlich weiter.

»Du meine Güte, Sie scheinen ja nicht mal alkoholisiert«, konstatiert die Blonde.

Natürlich sei sie nicht alkoholisiert, bekräftigt die Schwarzhaarige, oder könne man etwa betrunken die ganze Nacht ficken?

»Hören Sie auf«, ruft die Blonde und hält sich die Ohren zu. »Allein schon dieses vulgäre Wort!«

»Was soll ich denn sonst sagen?«, erkundigt sich die Schwarzhaarige, durchaus interessiert.

Die Blonde denkt nach: »Na, Geschlechtsverkehr oder Liebe machen ...«

»Nee du«, lacht die Schwarzhaarige auf, »mit Liebe hatte das aber gar nichts zu tun, nicht die Bohne!«

»Oder kopulieren oder eine Nummer schieben ...«

»Wenn's mal *eine* gewesen wäre!«

»Oder zusammen schlafen, miteinander ins Bett gehen ...«

»Welches Bett?«, röhrt die Schwarzhaarige vor Lachen und schlägt sich auf die Oberschenkel.

Die Blonde verliert die Geduld.

Herr im Himmel, sie wolle sich hier einfach in Ruhe auf ihr Meeting vorbereiten und von anderen, primitiveren »Meetings«, ihre Finger haken zwei Gänsefüßchen in die stickige Abteilluft, nichts hören.

Doch nicht Schuldirektorin. Ihre Stofftasche mit dem Logo der Beiersdorf AG hatte ich übersehen.

»Sie haben wohl schon länger nicht mehr ordentlich gefickt, so angespannt, wie Sie gucken«, sagt die Schwarzhaarige angriffslustig.

»Ha!«, lacht die Blonde hell auf. Oh, da würde man sie aber schlecht einschätzen. Da würde man ihr Liebesleben deutlich bagatellisieren. Sie könnte berichten ...

Natürlich rollen wir in diesem Augenblick geräuschvoll in den Hauptbahnhof ein, jetzt, wo es gerade so spannend wird.

Die Schwarzhaarige springt auf, schiebt sich neben mir Richtung Ausgang.

»Viel Spaß noch. Vor allem beim Ficken!«, ruft sie, bereits in der Tür, den Weiterfahrenden zum Abschied zu.

Die Blonde verdreht nur die Augen, sagt nichts.

»Danke«, ruft der ältere Herr vom Fensterplatz, ehe die Tür wieder schließt. »Vielen Dank!«

Dann sackt er wieder in seinem grauen Blouson zusammen.

Seltener Besuch

Einmal wachte ich nachts auf und hörte ein Geräusch. War da jemand in der Wohnung? Im Schlafanzug ging ich in die Küche, um nachzusehen.

Auf dem Küchensessel, im trüben Schein der Leselampe, saß eine ältere, füllige Frau in einem bodenlangen Spitzenkleid und lächelte mir zu. Ihr weißes Haar war voluminös hochgesteckt: ein Luftballon aus Haaren.

»Oh, hallo«, sagte ich.

»Das heißt: Guten Abend«, sagte die Dame, denn wenn jemand eine Dame war, dann diese.

Ich fragte sie, wer sie sei.

»Kannst du es nicht AHNEN?«, entgegnete sie und kicherte vergnügt.

Dann ließ sie die Katze aus dem Sack.

»Ich bin deine Ururgroßmutter Ella. Du kannst mich ruhig siezen.«

Sie hielt mir eine Hand hin, zum Kuss bereit.

»Ich heiße auch Ella«, sagte ich. »Das ist ja ein Zufall.«

Sie sagte, dass das überhaupt kein Zufall sei. Alle hundert Jahre hießen die Frauen wieder Ella und dazwischen Clothilde, Ilona oder Jennifer, ich könne also von Glück reden.

Sie sah sich eine Weile um.

»Hier wohnst du also.«

Ihr Blick glitt über die Küchenzeile, streifte die dreckverklebte Pfanne, strich über die fleckigen Weingläser und einmal um die leere Flasche Bordeaux.

Meine Ururgroßmutter seufzte tief.

»Die Köchin hätte besser aufräumen können.«

Forschend drehte sie sich zurück zu mir: »Du hast doch eine Köchin?«

Ich verneinte.

»Keine Bediensteten?«

Meine Ururgroßeltern hatten, so viel wusste ich aus den Erzählungen meiner Großmutter, in einer opulenten Villa in Berlin gelebt, mit Gärtner und Kutscher und allem.

Ich sagte, Bedienstete hätte ich keine, es sei denn, man würde im weiteren Sinne den DHL-Mann und den Pizzalieferanten mitzählen.

Ururgroßmutter rang nach Luft.

»Du musst den ganzen Haushalt alleine führen? Selbst die würdelosen Sachen?« Sie dachte nach. »Du hast schon einmal in eine Toilettenschüssel gegriffen?«

»Mein Mann putzt das Bad und bringt den Müll raus«, sagte ich.

»Dein *Mann*?«

Das verstörte sie noch mehr.

Wahllos langte sie nach einer Zeitschrift im Regal und fächelte sich damit Luft zu. Was das für eine Schmach, ja für ein gesellschaftlicher Abstieg sei, stöhnte sie auf, und das in nur einhundert Jahren. Und was überhaupt eine Pizza sei, von der ich eben gesprochen hätte?

Sie schlug die Zeitschrift auf und begann, darin zu blättern.

Ich rechnete grob nach. Sie musste tief im 19. Jahrhundert geboren worden sein und vor Ende des Ersten Weltkriegs gestorben.

»Die Zeiten haben sich geändert«, sagte ich.

Sie schüttelte den Kopf.

»Die Zeiten haben sich überhaupt nicht geändert«, sagte sie und hielt mir eine Doppelseite Unterwäschewerbung hin. Jesus Maria, das sei ja immer noch derselbe billige Plunder wie vor hundert Jahren.

»Übrigens«, sagte sie und klappte die Zeitschrift geräuschvoll zu. »Man sieht deine Knie.«

Wir sahen beide an mir herab, betrachteten meine kurze Schlabberhose.

Ob ich denn gar nicht wisse, dass Hosentragen Frauen unfruchtbar mache und leider Gottes, sie senkte die Stimme, hier und da auch nymphoman.

Wie zwei dicke, alte Kröten ruhten ihre dunklen Augen auf mir.

»Verheiratet?«, nahm sie mich weiter in die Zange.

Ich nickte. Den Pluspunkt konnte ich für mich verbuchen. Die Mundwinkel meiner Ururgroßmutter begannen, zufrieden zu zucken.

»Kirchlich?«

Ich war ehrlich. Ihre Mundwinkel sackten herab.

Bei Gott, sie habe schon so etwas geahnt, als sie in diesem elenden Küchenzimmer vergeblich nach einem Kreuz gesucht habe. Eine Ehe ohne kirchlichen Segen, sagte sie bedauernd, sei nichts als ein billiges Tête-à-Tête.

Ich glaube, sie hatte sich eine andere Nachfahrin gewünscht.

Ich hätte ihr gerne irgendetwas geboten, wusste aber nicht, was.

Ich hatte nicht mal einen Geschirrschrank. Ich hatte nicht mal ein Kaffeeservice. Hoffentlich fragte sie nicht nach Kaffee.

Sie seufzte wieder, sah aus dem Küchenfenster, in die Dunkelheit, aus der sich schemenhaft unser mickriger Hausgemeinschaftsgarten abzeichnete, und brummte, die Gegenwart sei auch nicht mehr das, was sie einmal war.

Hätte ich gewusst, dass sie kommt, ich hätte Mutters altes Ballkleid angezogen und noch zwei Lampions über die Arme gestülpt, als Puffärmel. Ich hätte die Bude aufgeräumt, mir von irgendwoher Porzellan geliehen oder gleich das örtliche Bürgerhaus angemietet und gesagt, das sei mein Salon.

»Und wo ist dein Salon? Ich dachte wirklich, dass du etwas weiträumiger wohnst«, sagte meine Ururgroßmutter und ließ sauertöpfisch die Lider flattern.

»Ich habe keinen Salon. Aber dafür«, jetzt musste ich mal raus aus der Defensive, »habe ich einen Job.«

Nimm das, alte Dickmamsell.

»Eine Arbeitsstelle«, verbesserte ich, als sie mich fragend ansah. »Ich arbeite. Ich verdiene eigenes Geld.«

Das riss sie vollends aus dem Sessel.

»Du armes Kind, auch das noch! Habt ihr das wirklich nötig?«, rang sie die Hände und sah mich mitfühlend an.

»Wie entwürdigend. Ist dein Mann so ein Taugenichts?«

Ich entschied, eine andere Richtung einzuschlagen.

»Ich habe einen Elektroherd«, versuchte ich verzweifelt, sie irgendwie zu beeindrucken.

»Und ich eine Familiengruft in Berlin-Charlottenburg«, sagte sie und ordnete wie nebenbei die Rüschen ihrer Ärmel.

Dann fiel mir etwas ein.

»Ich bin schon mal über den Wolken geflogen.«

Das imponierte ihr sehr. Ob es in einer hübschen Montgolfière gewesen sei oder einem dieser neumodischen Zeppeline? Sie schloss die Augen und wiegte das Haupt, wie vom

Wind in Bewegung gebracht, hin und her, und ich musste alles ganz genau erzählen.

»Und wo ist eigentlich die Kette?«, fragte sie plötzlich.

Mich beschlich ein ungutes Gefühl.

»Welche Kette?«, fragte ich.

»Die herrliche, die kostbare, die mit den Röschen aus geschnitztem Elfenbein, die alle Frauen in unserer Familie als Talisman tragen.«

Die würde sie zu gerne noch einmal sehen.

Langsam wurde es ungemütlich. Ich hatte sie vor vielen Jahren einem windigen Antiquitätenhändler hinterm Hauptbahnhof verkauft, für 25 Euro. Doch zum Glück wechselten ihre Themen so schnell wie ihre Launen.

Und jetzt, erklärte Ururgroßmutter und umschritt den Esstisch, könne ich so langsam mal ein bescheidenes Nachtmahl auftischen, es zwicke sie nämlich ein wenig in der Magengegend. Zum Beispiel eine leichte Schildkrötensuppe oder ein gut gewürztes Zungenfrikassee. Und was jetzt endlich diese geheimnisvolle Speise namens Pizza sei? Das müsse ja etwas ganz Erlesenes sein, wenn es dafür eigens einen Lieferanten gäbe.

Mir blieb nichts anderes übrig. Ich musste sie bewirten. Sie war meine Verwandte. Irgendetwas verband uns, auch wenn ich nicht spürte, was.

Ich sagte, für Pizza sei es leider zu spät, ich könne aber eine andere erlesene italienische Teigspeise aus Hartweizengrieß auftischen.

Ich fand eine Tüte Maggi Fix, ich fand Nudeln.

»Es mundet ausgezeichnet. Délicieux«, urteilte meine Ururgroßmutter, als wir endlich zu essen anfingen. »Wie heißt die Speise noch mal?«

»Spaghetti Bolognese.«

Das eigentlich noch Fleisch dazugehörte, erwähnte ich nicht.

Sie verschlang alles. Kaute gierig. Schleckte sich die rote Soße aus den Mundwinkeln, nahm noch zweimal nach. Es war doch meine Verwandte. So langsam wurde sie mir vertraut.

Ich goss Rotwein ein. Sie trank, ohne abzusetzen.

Himmel, sie sei nicht mehr in Übung, lachte sie nach dem zweiten Glas auf. Der Teufel Ethanol tanze schon so lustig durch ihre Venen.

Mit der Zeit löste sich ihre Zunge wie der Zierkamm aus ihrem Haar, der die eigenartige Ballonfrisur nur noch notdürftig zusammenhielt.

»Ist das Riechsalz?«, fragte sie und tippte gegen den Salzstreuer.

»Riechsalz, auch so ein Mumpitz«, prustete sie los und bat mich, die Schnürung ihres Kleides am Rücken ein wenig zu lockern, damit noch mehr von der köstlichen Teigspeise hineinpasse, immer mehr.

Ich fragte, ob wir die alberne Siezerei nicht mal sein lassen könnten.

»Oooh nein«, wies sie mich zurecht. »Das wäre zu intim.«

Dann kamen wir vom Privaten zum Allgemeinen, zu den großen gesellschaftlichen Themen.

Alles wollte sie wissen. Ob Französisch immer noch die wichtigste Fremdsprache sei. Ob Frauen immer noch im Damensitz ritten und England die bedeutendste Nation auf Erden sei (da musste ich aber grinsen). Ob Schwarzwurzeln weiterhin das beliebteste Gemüse seien und wie eigentlich die aktuelle deutsche Kaiserin heiße?

Was auch immer uns beide trenne, verkündete sie plötzlich, und ihre Augen flammten auf: Eines hätten wir beide gemeinsam, neben der knolligen Nase natürlich. Das eine, innige Band. Sie prostete mir zu.

»Wir sind beide Deutsche!«

Oh nein, dachte ich.

»Sprechen wir über unser Vaterland!«, rief meine Ururgroßmutter aus.

Aber über das Vaterland wollte ich nicht sprechen, das Vaterland war mir komplett egal.

Die deutsche Nation sei zweifellos die jüngste und friedlichste Nation auf Erden, erklärte sie zärtlich, wobei ihr gerecktes Weinglas gegen den Lampenschirm über dem Esstisch stieß.

Ich fragte sie, ob sie schon mal etwas vom weiteren Verlauf des 20. Jahrhunderts gehört hätte.

Sie sagte, leider nein, aber sie brenne darauf zu erfahren, wie es weiterging, nach 1915, mitten im großen Krieg.

Ich wollte sie nicht enttäuschen.

»Später«, sagte ich, schon etwas müde.

Sie aber schien überhaupt nicht müde. Kerzengerade saß sie da, zu allen Taten bereit.

Ich schlug vor, eine Runde »Wer bin ich?« zu spielen, bei dem man einen Zettel mit dem Namen einer berühmten Person auf die Stirn geklebt bekommt und herausfinden muss, wer man ist.

»Zum Beispiel die Kaiserin Auguste Viktoria oder der umjubelte Sänger Fjodor Iwanowitsch Schaljapin?«, erkundigte sie sich.

Ich zog den Vorschlag zurück. Stattdessen spielten wir eine Partie Scrabble, das gefiel ihr sofort. Eifrig legte sie Wörter wie »Telegraphenmast« oder »Chaiselongue« und nannte mich eine Moglerin, als ich »Ausziehcouch« und »Wutbürger« legen wollte.

Es war fast vier. Ich gähnte und sagte, ich müsse jetzt doch mal ins Bett und bezöge gerne das Gästesofa, falls sie gedenke, über Nacht zu bleiben.

Sie winkte ab. Sie sei nicht müde. Und sie werde wohl auch nicht mehr lange hier verweilen. Sie setze sich einfach noch ein Weilchen in den Küchensessel und blättere in den Zeitschriften.

»Na dann«, sagte ich, beinahe etwas traurig, und hob die Hand. »Dann tschüss.«

»Das heißt ›Auf Wiedersehen‹«, sagte meine Ururgroßmutter. »Bonne nuit«, ergänzte sie mit einem würdevollen Lächeln und winkte mir nach, bis ich im Flur verschwand.

In der Dunkelheit des Schlafzimmers versuchte ich, meine Bettseite zu erreichen. Vom Wein gezeichnet, stieß ich gegen den Fuß meines Mannes.

»Alles okay?«, hörte ich ihn murmeln.

»Comme ci, comme ça«, lallte ich und robbte dicht an ihn ran.

»Wollen wir nicht doch noch kirchlich heiraten«, flüsterte ich ihm ins Ohr, aber er schien bereits wieder zu schlafen. In dieser Nacht träumte ich von einer Villa mit sieben Dienstboten und vielen winzig kleinen Schildkröten in einem dampfenden Topf heißer Brühe.

Danke, danke!

Manchmal möchte ich das Schreiben einfach aufgeben. Manchmal zweifle ich daran, ob ich es wirklich kann. Manchmal denke ich, meine Texte sind ein großer Haufen Scheiße, aber dann ist da immer einer, der möbelt mich wieder auf.

Neulich saß ich am Schreibtisch und war mal wieder am Denken, Zweifeln und Aufgeben, da fand ich in meinem Postfach die Mail eines Wolfgang W.:

»Liebe Frau Werner! Ich habe Ihren Text in der aktuellen Titanic-Ausgabe gelesen. Ich bin fast aus den Socken gekippt. Eine Frau und schwarzer Humor – Respekt! Ich muss sagen: Für eine Frau echt witzig, hahahaha!«

Gerührt betrachtete ich den Computerbildschirm, vor allem das »Hahahaha«. Nicht Haha, nicht Hahaha – nein, dieses vierfache, aufputschende Hahahaha machte mich wieder froh.

Und ich hatte schon fast geglaubt, Frauen seien wirklich weniger humorbegabt, weil weniger »ironiefähig«, wie mir ein hackedichter FAZ-Redakteur einmal auf einer Buchmessenparty ins Ohr geraunt hatte.

Ich vergoss eine Freudenträne, druckte die Mail auf Papier und hängte sie mir an die Wand. Neben die von einem Frank: »Hallo, Frau Werner! Ihr Text war ganz witzig. Apropos witzig: Im Anhang finden Sie 13 satirische Geschichten von mir, die auch echt WITZIG sind. Achtung bissig – Herzinfarkt-Gefahr!!«

Hasskommentare, von denen andere Autorinnen berichten, bekomme ich selten, dafür Ratschläge jeder erdenklichen Art, und jeder unerdenklichen. Hinter jeder humorvoll schreibenden Frau stehen zwanzig Männer, die ihr wertvolle Tipps geben. Tipps, wie es noch besser geht: »Im letzten Absatz die Pointendichte ruhig noch mal erhöhen – kleiner Wink vom alten Hasen«, oder allgemeiner: »Ella, wenn du einen richtigen Kracher brauchst, frag mich«, wie mir Onkel Bernhard regelmäßig rät.

Manche Zuschriften bekunden auch Mitgefühl und Sorge, wie die von einem Dirk: »Frau Werner ... Huch! Ich hätte nie gedacht, dass in einer FRAU solche finsteren Abgründe schlummern, wie ich aus Ihren frechen Satiren herauslese. Solch brachiale Gedanken, so viel Schadenfreude! Wo kommt das nur her? Hat Ihnen der liebe Gott ein paar Y-Chromosomen zu viel in die Wiege gelegt ;-)? Ihr boshafter Text hat mich erfreut, aber auch, ich gestehe es frei heraus, ein wenig erschrocken!«

Ich sah ihn vor mir, wie er um Mitternacht an seinem Laptop saß, der gute Dirk, erschrocken und verwirrt. Vielleicht hatte er buschige Augenbrauen, vielleicht eine übergroße Nase, auf jeden Fall aber eine Menge Empathie.

Gerne erinnere ich mich auch an jenen hochbetagten Herrn, der sich zu meiner Hamburger Lesebühne »Liebe für alle« verirrt hatte. Ich sah ihn schon von Weitem, wie er sich nach der Zugabe wacker durch das Menschengewühl arbeitete, geradewegs auf mich zu. Erst dachte ich, es sei mein netter Frauenarzt, aber dann sah ich in das mir völlig fremde zerknitterte Gesicht.

»Frau Werner!«, vernahm ich eine heisere Stimme. »Ich habe darüber nachgedacht. Sie sind auf dem richtigen Weg.

Weiter so. In ein paar Jahren sind Sie vielleicht richtig gut!« Seine weißen Fingerknöchel klopften auf meine Schulter.

Ich spendierte ihm an der Theke einen Pfefferminzlikör, dann half ich ihm in den Mantel, hielt ihm die Clubtür auf. Zum Abschied lag seine kühle, weiche Hand in meiner.

»Ich zähle auf Sie«, zwinkerte er mir zu. »Das könnte wirklich etwas werden. Nur zu!«